大家小书

史学要论

李大钊 著

北京出版集团公司
北京出版社

图书在版编目（CIP）数据

史学要论 / 李大钊著． — 北京 ：北京出版社，2016．7
（大家小书）
ISBN 978-7-200-12093-6

Ⅰ．①史… Ⅱ．①李… Ⅲ．①史学理论 Ⅳ．①K0

中国版本图书馆CIP数据核字（2016）第077075号

总策划：安 东 高立志　　责任编辑：严 艳

·大家小书·
史学要论
SHIXUE YAOLUN
李大钊 著
*
北京出版集团公司
北京出版社 出版
（北京北三环中路6号 邮政编码：100120）
网 址：www.bph.com.cn
北京出版集团公司总发行
新华书店经销
北京华联印刷有限公司印刷
*
880毫米×1230毫米 32开本 6.625印张 104千字
2016年7月第1版 2023年2月第5次印刷
ISBN 978-7-200-12093-6
定价：30.00元
质量监督电话：010-58572393

序　　言

袁行霈

“大家小书”，是一个很俏皮的名称。此所谓“大家”，包括两方面的含义：一、书的作者是大家；二、书是写给大家看的，是大家的读物。所谓“小书”者，只是就其篇幅而言，篇幅显得小一些罢了。若论学术性则不但不轻，有些倒是相当重。其实，篇幅大小也是相对的，一部书十万字，在今天的印刷条件下，似乎算小书，若在老子、孔子的时代，又何尝就小呢？

编辑这套丛书，有一个用意就是节省读者的时间，让读者在较短的时间内获得较多的知识。在信息爆炸的时代，人们要学的东西太多了。补习，遂成为经常的需要。如果不善于补习，东抓一把，西抓一把，今天补这，明天补那，效果未必很好。如果把读书当成吃补药，还会失去读书时应有的那份从容和快乐。这套丛书每本的篇幅都小，读者即使细细地阅读慢慢地体味，也花不了多少时间，可以充分享受读书的乐趣。如果把它们当成补药来吃也行，剂量小，吃起来方便，消化起来也容易。

我们还有一个用意，就是想做一点文化积累的工作。把那些经过时间考验的、读者认同的著作，搜集到一起印刷出版，使之不至于泯没。有些书曾经畅销一时，但现在已经不容易得到；有些书当时或许没有引起很多人注意，但时间证明它们价值不菲。这两类书都需要挖掘出来，让它们重现光芒。科技类的图书偏重实用，一过时就不会有太多读者了，除了研究科技史的人还要用到之外。人文科学则不然，有许多书是常读常新的。然而，这套丛书也不都是旧书的重版，我们也想请一些著名的学者新写一些学术性和普及性兼备的小书，以满足读者日益增长的需求。

“大家小书”的开本不大，读者可以揣进衣兜里，随时随地掏出来读上几页。在路边等人的时候，在排队买戏票的时候，在车上、在公园里，都可以读。这样的读者多了，会为社会增添一些文化的色彩和学习的气氛，岂不是一件好事吗?

“大家小书”出版在即，出版社同志命我撰序说明原委。既然这套丛书标示书之小，序言当然也应以短小为宜。该说的都说了，就此搁笔吧。

前　　言

瞿林东

一　生平述略

李大钊（1889—1927），河北乐亭人。字守常，笔名李钊、孤松、猎夫。二三岁时，父母先后去世，随祖父母过活。幼时，在乡村私塾就读。1905年（光绪三十一年）16岁时，应科举考试，中秀才；因科举停办，遂入卢龙县永平府中学读书，肄业。1907年，因家境贫困，又“感于国势之危迫，急思深研政理，求得挽救民族、振奋国群之良策”，乃考入天津北洋法政专门学校，1913年毕业。是年冬，东渡日本。次年入早稻田大学政治本科，时年25岁。这时，李大钊广泛地阅读社会科学方面的书籍，并开始接触马克思主义学说，同时参加中国留日学生的反袁斗争，秘密组织神州学会、中国经济财政学会和留日学生总会，发表有关国情和反袁文章。李大钊“益感再造中国之不可缓”[①]，毅然弃学归国，于1916年5月到达上海，旋创办《民彝》，7月至北京主编《晨钟报》。1917年1月，任章士钊创办的《甲寅日刊》编辑，发表文章，抨击北洋军阀黑暗统治和封建专制主义文化。

1918年1月，李大钊继章士钊后任北京大学图书馆主任。此后，他参与《新青年》的编辑工作，并于1918年底与陈独秀等人创办《每周评论》，次年主编《晨报副刊》，传播新文化，撰写介绍俄国十月革命和马克思主义的文章，成为接受并传播马克思主义的先驱。

1919年，李大钊参与领导五四运动，发起成立少年中国学会，创办《少年中国月刊》，与胡适展开“问题与主义”的论战，发表《我的马克思主义观》，系统地介绍马克思主义学说，标志着他开始转变为一个马克思主义者。1920年，他发起和组织北京的马克思主义学说研究会和共产主义小组，并在北京大学史学系担任唯物史观研究课程。同年，任北京大学教授。1921年中国共产党成立后，李大钊负责中共北方区执行委员会工作，兼任中国劳动组合书记部北方分部书记，先后发动

① 以上所引见《狱中自述》，载《李大钊文集》下，人民出版社1984年12月版，第888、889页。下引本书，随文只注《文集》上、下及页码。

开滦五矿大罢工、京绥铁路工人大罢工、京汉铁路工人总同盟罢工。在中共“二大”、“三大”、“四大”上他均当选为中央委员。1922年，他受中国共产党委托，同孙中山商讨国共合作问题，并经孙中山主盟，加入国民党。1924年1月，参加中国国民党第一次全国代表大会，并当选为中央执行委员，为国共合作作出了重大贡献。1924年5月，李大钊（署名李守常）所著《史学要论》一书，由商务印书馆出版。同年6月，他任中共代表团首席代表，赴莫斯科参加共产国际第五次代表大会，并在苏联参观、讲学。1925—1926年，李大钊发动和组织北方地区人民群众响应“五卅运动”，领导北京“三一八”群众运动。

1927年4月6日，李大钊不幸被奉系军阀张作霖逮捕。在狱中和法庭上，李大钊坚贞不屈，表现出共产党人的高尚品质。4月28日，这位坚定的革命者在绞刑架下慷慨就义，时年38岁。[①]他所撰《狱中自述》概括了他所走过的道路，其中有几句是：“钊自束发受书，即矢志努力于民族解放之事业，实践其所言，励行其所知，为功为罪，所不暇计。”（《文集》

① 这一部分内容的撰写，参考了《李大钊选集》（人民出版社1959年版）卷首所载《李大钊同志生平事略》一文、张静如教授等所编《李大钊生平史料编年》一书（上海人民出版社1984年版）。

下，第893页）此可谓心如日月，志比山河。

李大钊短暂而光辉的一生，是追求进步、投身革命的一生，他的志向是要改变国家受帝国主义侵略、人民受军阀专制压迫的命运。他是革命的理论家，又是革命的实践家，他的思想和人格受到人们崇高的景仰和永久的纪念。

二　历史观和史学观

通观李大钊的论著，有两个方面的特点是应当受到重视的：第一，李大钊的思想、理论往往是通过对历史和对史学的阐发而表现出来的。第二，李大钊“夙研史学”，在史学方面不仅有兴趣，而且有造诣。他任北京大学图书馆主任和北京大学教授后，曾在北京大学、朝阳大学、北京女子师范大学、北京师范大学、中国大学讲授唯物史观研究、史学思想史等课程，今《李大钊文集》中有关论著即是当年之讲义；而《史学要论》一书，则是一本可贵的系统论著。这两个方面的原因，确立了李大钊在20世纪中国史学上的重要地位——中国马克思主义史学的开拓者和奠基人之一。这里，试就李大钊的历史观、史学观作扼要的概括。

（一）关于历史观

李大钊的历史观的核心是唯物史观，他是中国最早接受马克思主义唯物史观并把它系统地介绍给中国读者的学人。1919年，李大钊在《新青年》杂志上发表《我的马克思主义观》一文，以通俗和简明的笔触，表明了他对马克思主义理论精髓的理解和认识。他首先指出："唯物史观也称历史的唯物主义。他（它）在社会学上曾经，并且正在表现一种理想的运动"，它代替旧有的历史观是不可遏制的发展趋势，是历史观的本质上的变革。接着，他着重指出唯物史观的核心是："唯物史观的要领，在认经济的构造对于其他社会学上的现象，是最重要的；更认经济现象的径路，是有不可抗性的。"（《文集》下，第51、52页）李大钊认为，从经济现象去研究历史、说明历史，是唯物史观的核心，进而指出马克思的唯物史观"把从前的历史的唯物论者不能解释的地方，与（予）以创见的说明，遂以造成马氏特有的唯物史观，而于从前的唯物史观有伟大的功绩"（同上）。同年，他发表的《物质变动与道德变动》一文，对此也有深刻的论说。在中国史学上，这是第一次极明确地阐述唯物史观的内容与价值，因而在史学发展历程上具有划时代的意义，它标志着中国史学走向科学化道路的开端。

1920年，李大钊发表《史观》一文，运用唯物史观的观点阐说什么是“历史”，他写道：“吾兹之所谓历史，非指过去的陈编而言。过去的陈编，汗牛充栋，于治史学者亦诚不失为丰富资考的资料，然绝非吾兹所谓活泼泼的有生命的历史。吾兹所云，乃与‘社会’同质而异观的历史。同一吾人所托以生存的社会，纵以观之，则为历史，横以观之，则为社会。横观则收之于现在，纵观则放之于往古。此之历史，即是社会的时间的性象。一切史的知识，都依他为事实，一切史学的研究，都以他为对象，一切史的记录，都为他所占领。他不是僵石，不是枯骨，不是故纸，不是陈编，乃是亘过去、现在、未来、永世生存的人类全生命。对于此种历史的解释或概念，即此之所谓历史观，亦可云为一种的社会观。”（《文集》下，第264~265页）运用这种“史观”来解释“历史”，揭示“历史”是运动的和有生命的内在本质，在中国史学发展上也是第一次。李大钊还强调“历史观本身亦有其历史，其历史亦有一定的倾向”；“吾侪治史学于今日的中国，新史观的树立，对于旧史观的抗辩，其兴味正自深切，其责任正自重大”（《文集》下，第266、268页）。从李大钊的这些论述来看，我们可以得到这样一个认识：五四时期，随着马克思主义在中国的传播，中国史学上所固有的历史观即发生了极大的革命性的变化。可见，20世纪20年代初，确是中国史学发展上的一座巨大的界石。这就是唯物史观的丰碑。

在提出马克思主义唯物史观之核心的基础上，李大钊在历史思想方面尤其重视如下一些原则：

——强调思想变动的原因应当到经济变动中去寻找。1920年，李大钊撰《由经济上解释中国近代思想变动的原因》，指出："凡一时代，经济上若发生了变动，思想上也必发生变动。换句话说，就是经济的变动是思想变动的重要原因。"（《文集》下，第177页）他分析了中国的农业经济因受到世界工业经济的压迫，从而使中国社会发生巨大变化；这变化中显著的一点是大家族制的崩颓，于是风俗、礼教、政治、伦理也都跟着发生变化，种种"思潮运动"、"解放运动"均由此而起。

——重视阶级斗争学说。李大钊在《我的马克思主义观》中写道：与马克思的唯物史观"很有密切关系的，还有那阶级竞争说"。"历史的唯物论者，既把种种社会现象不同的原因总约为经济的原因，更依社会学上竞争的法则，认许多组成历史明显的社会事实，只是那直接，间接，或多，或少，各殊异阶级间团体竞争所表现的结果。他们所以牵入这竞争中的缘故，全由于他们自己特殊经济上的动机。"（《文集》下，第60页）他又撰写《阶级竞争与互助》一文指出："所谓阶级，就是指经济上利害相反的阶级。”（《文集》下，第17页）李大钊用阶级和阶级斗争的理论来看待历史、说明历史，这在中国史学发展上是第一次。

——突出人民群众在历史发展中的作用。李大钊早年曾撰《民彝与政治》一文，认为人民的意志和力量在历史运动中起着决定的作用。他写道：“古者政治上之神器在于宗彝，今者政治上之神器在于民彝。宗彝可窃，而民彝不可窃也；宗彝可迁，而民彝不可迁也。”（《文集》上，第155页）这是充分肯定“民彝”在历史运动中的重大作用。1918年，他还写了《庶民的胜利》一文，指出第一次世界大战的结局，究竟应当为谁而庆祝：“我们庆祝，不是为哪一国或哪一国的一部分人庆祝，是为全世界的庶民庆祝。”（《文集》上，第593页）这些都反映了李大钊的历史观念中民众占有极重要的分量。1920年以后，他的这种观念又有了新的发展，他写的《平民政治与工人政治》、《平民主义》等文章，就是这种观念对于现实的历史运动的诠释。

——对“历史”的新概括。客观历史是什么，中外学人有不少解释。李大钊提出自己的独到见解，他说：“什么是活的历史，真的历史呢？简明一句话，历史就是人类的生活并为其产物的文化。因为人类的生活并为其产物的文化，是进步的，发展的，常常变动的；所以换一句话，亦可以说历史就是社会的变革。这样说来，把人类的生活整个地纵着去看，便是历史；横着去看，便是社会。历史与社会，同其内容，同其实质，只是观察的方面不同罢了。”（《文集》下，第714页）他还指出：“有生命的历史，实是一个亘过去、现在、未来的全人类的生活。过去、现在、未来是一线贯下来的。”（《文集》下，第763页）他说的“活的历史”、“真的历史”、“有生命的历史”包含这样几个特点：第一，它同“社会”的实质、内容是相同的；第二，它是变革的；第三，它不只是指的过去而是贯穿于过去、现在和未来。

（二）关于史学观

——历史与史学的区别及联系。李大钊明确地指出“历史”是“活的历史”、“有生命的历史”即客观历史运动。与此相联系的是，他对史学也作了解释。他认为史书不是历史：“这类的书，固然浩如烟海，但不是历史，而是供给吾人研究历史的材料。从前许多的旧历史学家，都认这是历史。其实这是研究历史的材料，而不是历史。”此其一。其二，“历史学是起源于记录”，“发生事件而记录起来，这是史学的起源。”（见《研究历史的任务》，《文集》下，第673、674页）其三，史学包括记述历史和历史理论，他说：“今日的历史学，即是历史科学，亦可称为历史理论。史学的主要目的本在专取历史的事实而整理之，记述之；嗣又更进一步，而为一般关于史的事实之理论的研究，于已有的记述历史以外，建立历史的一般理论。严正一点说，就是建立历史科学。”（见《史学要论》，《文集》下，第724页）把历史与史学的关系作如此明确的论说，在中国史学上也是第一次。

——唯物史观在现代史学上的价值。李大钊最早对这个问题作出了概括，他指出：“因为人类的生活，是人在社会的生活，故个人的生存总是在社会的构造组织以内进动而受他（它）的限制，维持生存的条件之于个人，与生产和消费之于社会是同类的关系。在社会构造内限制社会阶级和社会生活各种表现的变化，最后的原因，实是经济的。”“这就是历史的唯物的解释。这种历史的解释方法不求其原因于心的势力，而求之于物的势力，因为心的变动常是为物的环境所支配。”李大钊在比较了旧史观与唯物史观在解释历史方法及其结果的种种不同之后指出：“我们要晓得一切过去的历史，都是靠我们本身具有的人力创造出来的，不是哪个伟人、圣人给我们造的，亦不是上帝赐予我们。将来的历史亦还是为此。”（以上见《唯物史观在现代史学上的价值》，《文集》下，第360、362、365页）从他的论述可以看出，唯物史观实为现代史学的核心，也是现代史学各种思潮的试金石。

——历史认识是一个不断发展的过程。李大钊认为：“历史是有生命的，僵死陈腐的记录不能表现那活泼泼的生命，全靠我们后人有新的历史观念，去整理他（它），认识他（它）。果然后人又有了新的理解、发明，我们现在所认为新的又成了错误的，也未可知。我们所认为真实的事实，和真理的见解并不是固定的，乃是比较的。”“所以历史是不怕重作改作的，不但不怕重作改作，而且要改作重作，推翻古人的前案，并不算什么事，故吾人应本新的眼光去改作旧历史。”（见《研究历史的任务》，《文集》下，第677、678页）20世纪的中国历史学的发展，在这个意义上说，就是“本新的眼光去改作旧历史”的过程。

——重视史学思想史。这是李大钊史学思想中一个很重要、很有特色的方面。1920年起，李大钊在北京大学等一些高等学校的史学系讲授史学思想史课程，持续数年之久。李大钊之所以对此有浓厚的兴趣，旨在探索、说明唯物史观的产生由来已久，马克思主义的唯物史观又怎样克服了它以前的唯物史观的缺陷而具有科学的意义。这个思想，在他的《我的马克思主义观》一文中已有所表露。李大钊的这一研究方法，同样适合于用来考察中国历史上的朴素的唯物史观的历史，在方法论上具有重要的价值。

三　关于《史学要论》

《史学要论》是李大钊系统地阐述他的史学思想的一部精粹之作。全书凡六章，结构严谨，言简意赅，具有理论的深刻与实践的激情相结合的特点。

第一章论述“什么是历史”。其主要论点是：1.历史撰述所反映的“历史”，并不等同于“活的历史”即客观历史本身。李大钊指出：“不错，我们若想研究中国的历史，像那《史记》咧，“二十四史”咧，《紫阳纲目》咧，《资治通鉴》咧，乃至其他种种历史的纪录，都是很丰富、很重要的材料，必须要广搜，要精选，要确考，要整理。但是他（它）们无论怎样重要，只能说是历史的纪录，是研究历史必要的材料，不能说他（它）们就是历史。这些卷轶，册案，图表，典籍，全是这活的历史一部分的缩影，而不是这活的历史的本体。”（《文集》下，第713—714页）指出这种区别和联系，在理论上使人们懂得“历史的本体”即“活的历史”比历史撰述所反映的内容更生动、更丰富，从而拓展了人们的历史视野；在实践上则使人们可以感受到自己也生活在“活的历史”

之中，增强对于历史的体察和责任。2.历史就是社会的变革。阐明这一点，使人们懂得历史是变化的、进步的、生动不已的。李大钊写道："这样讲来，我们所谓活的历史，不是些写的纪的东西，乃是些进展的、行动的东西。写的纪的，可以任意始终于一定的范围内；而历史的事实的本身，则永远生动无已。不但这整个的历史是活的东西，就是这些写入纪录的历史的事实，亦是生动的，进步的，与时俱变的。"（《文集》下，第717页）3.历史是一个整体，是不可能割断的。李大钊认为："历史是亘过去、现在、未来的整个的全人类生活。"（《文集》下，第720页）全人类的历史如此，一个国家、一个民族的历史也是如此。

第二章论述"什么是历史学"。本章的主要论点是：1. 关于"历史学"的对象。李大钊写道："史学有一定的对象。对象为何？即是整个的人类生活，即是社会的变革，即是在不断的变革中的人类生活及为其产物的文化。换一句话说，历史学就是研究社会的变革的学问，即是研究在不断的变革中的人生及为其产物的文化的学问。"（《文集》下，第722页）李大钊对历史学所作的这一定义，对人们认识历史学的性质与作用，有深刻的启示。2. 历史学应着力于建立历史理论。李大钊认为：在整理、记述历史事实的基础上，"建立历史的一般理论”即历史理论，才能使“今日的历史学”成为历史科学。这表明他在历史学的发展上是一个高瞻远瞩的人。3. 历史科学是可以建立起来的。针对当时的一种见解，即认为“历史是多元的，历史学含有多元的哲学”，因此“史学缺乏属于一般科学的性质”云云，李大钊阐述道：“各种科学，随着他（它）的对象的不同，不能不多少具有其特色；而况人事科学与自然科学不可全然同视，人事科学的史学与自然科学自异其趣。然以是之故，遽谓史学缺乏属于一般科学的性质，不能概括推论，就一般史实为理论的研究，吾人亦期期以为不可。人事现象的复杂，于研究上特感困难，亦诚为事实；然不能因为研究困难，遽谓人事科学全不能成立，不全不能存在。将史实汇类在一起，而一一抽出其普通的形式，论定其一般的性质，表明普遍的理法，又安见其不能？”（《文集》下，第727页）各种科学“自异其趣”，都有自身的特点，史学亦然，历史科学是可以建立起来的。这就是作者的结论。

第三章论述“历史学的系统”。在这个问题上，尤其值得注意的是：1. 李大钊把历史学划分为“广义的历史学”与“最广义的历史学”两个系统，而后者则包含前者。2. 作者始终重视历史学的记述部分与理论部分的区别，如“广义的历史学”包含“记述的历史”与“历史理论”（亦称“狭义的历史学”）两个子系统；又如“最广义的历史学”包含“普通历史学”（即“广义的历史学”）、“特殊历史学”、“历史哲学”三个子系统，其中“特殊历史学”则又包含“记述之部”与“理论之部”两个子系统，足见作者对理论部分的重视。从学科发展史来看，李大钊所构建的“历史学的系统”，以恢宏的视野来观察历史学的内涵与外延，是一个创举。

第四章论述“史学在科学中的位置”。这里所论述的，是关于史学在科学史上之地位的问题。作者以欧洲为例，指出在中世纪以前，史学“几乎全受神学的支配”；到了十六七世纪，随着文艺复兴的发展，近代科学的产生；其后又经许多人“先后努力的结果，已于历史发见一定的法则，遂把史学提到与自然科学同等的地位，历史学遂得在科学系统中占有相当的位置”（《文集》下，第745页）。这就是说，只是当人们从历史中发现了“一定的法则”时，历史学在科学史上或者说在科学系统中才占有自己的位置。作者对马克思的有关理论作了如下的概括：“马克思一派，则以物质的生产关系为社会构造的基础，决定一切社会构造的上层。故社会的生产方法一有变动，则那个社会的政治、法律、伦理、学艺等等，悉随之变动，以求适应于此新经变动的经济生活。故法律、伦理等不能决定经济，而经济能决定法律、伦理等。这就是马克思等找出来的历史的根本理法。”（《文集》下，第748页）作者认为历史学之所以能够成为科学，其主要根据即在于此。

第五章论述“史学与其相关学问的关系”。李大钊把与史学相关的学问划分为六类，一一阐述。他认为，文学、哲学、社会学与史学的关系尤为密切，故择出分别论述，而又以论述“史学与哲学”最为详尽，足见作者的理论旨趣。

第六章论述“现代史学的研究及于人生态度的影响”。关于这个问题，李大钊作了深刻而又精辟的论述，他的主要论点是：1. 史学对于人生有密切的关系。他开宗明义地写道：“历史学是研究人类生活及其产物的文化的学问，自然与人生有密切的关系；史学既能成为一种学问，一种知识，自然亦要于人生有用才是。依我看来，现代史学的研究，及于人生态度的影响很大。”（《文集》下，第761页）2. 现代史学研究可以培养人们的科学态度和脚踏实地的人生观。李大钊指出：“有生命的历史，实是一个亘过去、现在、未来的全人类的生活。过去、现在、未来是一线贯下来的。这一线贯下来的时间里的历史的人生，是一趟过的，是一直向前进的，不容我们徘徊审顾的。历史的进路，纵然有时一盛一衰、一衰一盛的作螺旋状的运动，但此亦是循环着前进的、上升的，不是循环着停滞的，亦不是循环着逆返的、退落的，这样子给我们以一个进步的世界观。我们既认定世界是进步的，历史是进步的，我们在此进步的世界中、历史中，即不应该悲观，不应该拜古，只应该欢天喜地的在这只容一趟过的大路上向前行走，前途有我们的光明，将来有我们的黄金世界。这是现代史学给我们的乐天努进的人生观。”（《文集》下，第763~764页）在李大钊看来，有什么样的历史观就会影响到有什么样的世界观，进而影响到有什么样的人生观。3. 历史教育的重要作用。李大钊极深刻地阐述了这个道理，他写道：“即吾人浏览史乘，读到英雄豪杰为国家为民族舍身效命以为牺牲的地方，亦能认识出来这一班所谓英雄所谓豪杰的人物，并非有与常人有何殊异，只是他们感觉到这社会的要求敏锐些，想要满足这社会的要求的情绪热烈些，所以挺身而起为社会献身，在历史上留下可歌可哭的悲剧、壮剧。我们后世读史者不觉对之感奋兴起，自然而然的发生一种敬仰心，引起‘有为者亦若是’的情绪，愿为社会先驱的决心亦于是乎油然而起了。”（《文集》下，第764~765页）史学的魅力就在于此。历史教育实在是一桩伟大的事业。

综观《史学要论》一书，并把它放在20世纪中国史学中加以考察，我们可以得到这样的认识：

首先，《史学要论》是20世纪中国史学上最早面世的史学理论著作之一。它科学地、系统地阐述了历史学的一些重大理论问题，比如关于什么是历史？什么是历史学？这是最基本的也是必须弄清楚的问题。他如关于历史观问题、历史理论问题、历史学的系统问题、史学与哲学的关系问题、史学对于人们树立积极进取的人生观的影响等，它都作了深刻的论述。这些，在中国史学上都是前所未有的。

其次，在中国马克思主义史学发展史上，《史学要论》是第一部从理论上开辟道路的著作，成为中国马克思主义史学在理论上的奠基石。书中反映出作者对于马克思主义唯物史观的信念，对于史学的性质与任务的分析，对于史学之影响到社会、人生的关注等，今天读来，仍使人感觉到它的巨大的理性力量和深沉的激情涌动。

在旧中国，《史学要论》因有鲜明的马克思主义信仰而受到限制，不可能得到广泛流传。在新中国，在改革开放以前的那些年代，由于史学理论的研究不曾被提到应有的位置以及其他历史的原因，《史学要论》也不曾有广泛流传的机会。直到70年代末80年代初，随着史学界对中国马克思主义史学开始作深入的研究，随着史学理论研究热潮的兴起，《史学要论》的学术价值和历史地位才逐渐被人们所认识。1980年北京师范大学史学研究所印行《史学要论》，1984年人民出版社出版的《李大钊文集》、河北人民出版社出版的《李大钊史学论集》也都收入了《史学要论》，《史学要论》才得以广泛传播开来。80年代初，白寿彝教授评价说：“《史学要论》是一本不到四万字的小册子，但这是为马克思主义史学开辟道路的重要著作。这本小册子凝结着一个革命家、一个无产阶级理论家对人类前途的真挚的希望。对于在中国传播马克思主义史学理论来说，李大钊不愧是第一个开辟道路的人。”[①]这是对《史学要论》及其作者中肯的评价。

本书在编辑过程中，参考了袁谦等编辑、人民出版社1984年出版的《李大钊文集》（上、下），以及李乐光、方行等编辑、人民出版社1959年出版的《李大钊选集》，韩一德、姚维斗编辑，河北人民出版社1984年出版的《李大钊史学论集》等书。作为附录收入本书的几篇论文，大多同历史学有密切的关系，其中有些更是思想史或革命史上的名篇；现在这样的编次，是考虑到出版者在体例上的统一要求。其文本，《史学要论》据商务印书馆1924年版，同时参考北京师范大学史学研究

---

① 《白寿彝史学论集》，下册，北京师范大学出版社，1994年版，第640页。

所1980年铅印本以及《李大钊文集》、《李大钊史学论集》所收文本。谨此说明，并申谢忱。

1999年3月29日撰于

北京师范大学史学研究所

目　录

史学要论

一　什么是历史[①]

吾人自束发受书，一听见“历史”这个名辞，便联想到“二十四史”、“二十一史”、“十七史”、《史记》、《紫阳纲目》、《资治通鉴》，乃至Herodotus、Grote诸人作的《希腊史》等等。以为这些便是中国人的历史，希腊人的历史。我们如欲研究中国史、希腊史，便要在这些东西上去研究；这些东西以外，更没有中国史、希腊史了。但是历史这样东西，是人类生活的行程，是人类生活的联续，是人类生活的变迁，是人类生活的传演，是有生命的东西，是活的东西，是进步的东西，是发展的东西，是周流变动的东西；他不是些陈编，不是些故纸，不是僵石，不是枯骨，不是死的

① 《史学要论》由商务印书馆1924年5月出版发行，署名李守常。系该馆出版发行的《百科小丛书》第51种。

东西，不是印成呆板的东西。我们所研究的，应该是活的历史，不是死的历史；活的历史，只能在人的生活里去得，不能在故纸堆里去寻。

不错，我们若想研究中国的历史，像那《史记》咧，“二十四史”咧，《紫阳纲目》咧，《资治通鉴》咧，乃至其他种种历史的纪录，都是很丰富，很重要的材料，必须要广搜，要精选，要确考，要整理。但是他们无论怎样重要，只能说是历史的纪录，是研究历史必要的材料；不能说他们就是历史。这些卷帙，册案，图表，典籍，全是这活的历史一部分的缩影，而不是这活的历史的本体。这活的历史，固屹然存在于这些故纸陈编的堆积以外，而有他的永续的生命。譬如我们要想研究中国，或是日本，固然要尽量搜集许多关于中国或日本的纪载与著作，供我们研究的材料；但不能指某人所作的现代中国，说这就是中国；指某人所作的现代日本，说这就是日本。我们要想研究列宁，或是罗素，固然要尽量搜集许多关于列宁或罗素的纪载与著作，供我们研究的资料；但不能指某人所作的《列宁传》，说这就是列宁；某人所作的《罗素传》，说这就是罗素。那纪载中国或日本的事物的编册以外，俨然有个活的中国、活的日本在；那列宁或是罗素的传记以外，俨然有个活的列宁、活的罗素在。准此以推，许多死的纪录、典籍、表册、档案以外，亦俨然有个活的历史在。从前许多人为历史下定义，都是为历史的纪录下定义，不是为历史下定义；这种定义，只能告我们以什么构成历史的纪录，历史的典籍；不能告我们以什么是历史。我们当于此类纪录以外，另找真实的历史，生活的历史。

什么是活的历史，真的历史呢？简明一句话，历史就是人类的生活并为其产物的文化。因为人类的生活并为其产物的文化，是进步的，发展的，常常变动的；所以换一句话，亦可以说历史就是社会的变革。这样说来，把人类的生活整个的纵着去看，便是历史；横着去看，便是社会。历史与社会，同其内容，同其实质，只是观察的方面不同罢了。今欲把历史与社会的概念弄得明明白白，最好把马克思（Karl Marx）的历史观略述一述。马克思述他的历史观，常把历史和社会关联在一起；纵着看人间的变迁，便是历史；横着看人间的现在，便是社会。马克思的历史观，普通称为唯物史观，又称为经济的历史观。唯物史观的名称，乃是马克思的朋友恩格斯（Engles）在一八七七年开始用的。在一八四八年的《共产党宣言》里，和在一八六七年出版的《资本论》第一卷里，都含着唯物史观的根本原理；而公式的发表出来，乃在一八五九年的《〈经济学批评〉的序文》。在此《序文》里，马克思似把历史和社会对照着想。他固然未用历史这个名辞，但他所用社会一语，似欲以表示二种概念：按他的意思，社会的变革便是历史。换言之，把人类横着看就是社会，纵着看就是历史。譬之建筑，社会亦有基址与上层：社会的基址，便是经济的构造（即是经济关系），马克思称之为物质的，或人类的社会的存在；社会的上层，便是法制，政治，宗教，伦理，哲学，艺术等，马克思称之为观念的形态，或人类的意识。基址有了变动，上层亦跟着变动，去适应他们的基址。从来的史学家，欲单从社会的上层说明社会的变革（历史），而不顾社会的基址；那样的方法，不能真正理解历史。社会上层，全随经济的基址的变动而变动，故历史非从经济关系上说明不可。这是马克思的历史观的大体。他认横着去看人类，便是社会；纵着去看人类，便是历史。历史就是社会的变动。以经济为中心纵着考察社会变革的，为历史学；对于历史学，横着考察社会的，推马克思的意思，那便是经济学，同时亦是社会学。

依上所述，历史既是整个的人类生活，既是整个的社会的变革；那么凡是社会生活所表现的各体相，均为历史的内容所涵括。因为文化是一个整个的，不容片片段段的割裂。文化生活的各体态、各方面，都有相互结附的关系；不得一部分一部分的割裂着看，亦不得以一部分的生活为历史内容的全体。普通一说历史，便令人想是说社会上的政治、法律和经济，其实道德、学术、宗教、伦理等等，所谓文化的理想，亦莫不应包含在历史以内。说历史只是政治、法律和经济，已经算是狭隘了。还有一派史学家，只认政治的历史为历史，此外的东西似乎都不包括于历史以内。他们认以政治为中心纵着考察社会变迁的，是历史学。像那福利曼（Freeman）说："历史是过去的政治，政治是现在的历史"，就是这种观念。以政治为中心，即是以国家为中心；国家的行动，每依主权者的行动而表现；故结局他们认以主权者或关系主权者的行动为中心以考察社会的变迁的，为历史学。中国旧史，其中所载，大抵不外帝王爵贵的起居，一家一姓的谱系；而于社会文化方面，则屏之弗录。这样的史书，就是本于历史只是政治，政治只是主权者的行动的见解而成的。马克思认以经济为中心纵着考察社会变革的，为历史学；则对于历史学横着考察社会的，乃为经济学，同时亦是社会学。由此类推，这一派的历史家，既认以政治为中心纵着考察社会变革的，为历史学；则对于历史学横着考察社会的，亦应该为政治学，同时亦是社会学。但在事实上，他们并未想到此点。他们并不注意政治学、社会学，在学问上的性质如何。这一派的历史观与马克思的历史观相同的点有二：① 同认历史为社会的变革；② 同认历史学的目的，在与自然科学相等，发见因果律。政治史观派虽有此与马克思相同的二点，其说亦终是站不住。因为政治是次级的，是结果不是原因，不能依此求得历史上的因果律。马克思所以主张以经济为中心考察社会的变革的原故，因为经济关系能如自然科学发见因果律。这样子遂把历史学提到科学的地位。一方面把历史与社会打成一气，看作一个整个的；一方面把人类的生活及其产物的文化，亦看作一个整个的；不容以一部分遗其全体或散其全体。与吾人以一个整个的活泼泼的历史的观念，是吾人不能不感谢马克思的。

这样讲来，我们所谓活的历史，不是些写的纪的东西，乃是些进展的行动的东西。写的纪的，可以任意始终于一定的范围内；而历史的事实的本身，则永远生动无已。不但这整个的历史是活的东西，就是这些写入纪录的历史的事实，亦是生动的，进步的，与时俱变的。只有纪录的卷帙册籍，是印版的，定规的。纪录可以终结的，纪入纪录的历史事实则没有终结；纪录是可以完全的（在理论上是可以完全的，在事实上则完全的亦极少），纪入纪录的历史事实，则没有完全。不但那全个的历史正在那里生动，就是一个一个的历史的事实亦天天在那里翻新。有实在的事实，有历史的事实：实在的事实，虽是一趟过去，不可复返的；但是吾人对于那个事实的解喻，是生动无已的，随时变迁的，这样子成了历史的事实。所谓历史的事实，便是解喻中的事实。解喻是活的，是含有进步性的；所以历史的事实，亦是活的，含有进步性的。只有充分的纪录，不算历史的真实；必有充分的解喻，才算历史的真实。历史的真实，亦只是暂时的，要时时定的，要时时变的；不是一成不变的。历史的真实有二意义：一是说曾经遭遇过的事的纪录是正确的，一是说关于曾经遭遇过的事的解喻是正确的。前者比较的变动少，后者则时时变动。解喻是对于事实的知识，知识是天天增长的，天天扩大的，所以解喻是天天变动的。有实在的过去，有历史的过去：实在的过去，是死了，去了；过去的事，是做了，完了；过去的人，是一瞑长逝，万劫不返了；在他们有何变动，是永不可能了；可以增长扩大的，不是过去的本身，乃是吾人关于过去的知识。过去的人或事的消亡，成就了他们的历史的存在；自从他们消亡的那一俄顷，吾人便已发见之于吾人想象中，保藏之于吾人记忆中；他们便已生存于吾人的记忆中、想象中了。吾人保藏之愈益恒久，即发见之愈益完全，即解喻之愈益真切。实在的孔子死了，不能复生了，他的生涯，境遇，行为，丝毫不能变动了；可是那历史的孔子，自从实在的孔子死去的那一天，便已活现于吾人的想象中，潜藏于吾人记忆中，今尚生存于人类历史中，将经万劫而不灭。汉唐时代人们想象中的孔子，与宋明时代人们想象中的孔子，已竟不同了；宋明时代人们想象中的孔子，与现代人们想象中的孔子，又不同了；十年以前，我自己想象中的孔子，与今日我自己想象中的孔子，亦不同了。所以《孔子传》，《基督传》，《释迦牟尼传》，《穆罕默德传》，不能说不要重作。没有一个历史事实，能有他的完满的历史；即没有一个历史事实，不要不断的改作。这不是因为缺乏充分的材料与特殊的天才，乃是因为历史的事实本身，便是一个新史产生者。一时代有一时代比较进步的历史观，一时代有一时代比较进步的知识；史观与知识不断的进步，人们对于历史事实的解喻自然要不断的变动。去年的真理，到了今年，便不是真理了；昨日的真理，到了今日，又不成为真理了。同一历史事实，昔人的解释与今人的解释不同；同一人也，对于同一的史实，昔年的解释与今年的解释亦异。此果何故？即以吾人对于史实的知识与解喻，日在发展中，日在进步中故。进化论的历史观，修正了退落说的历史观；社会的历史观，修正了英雄的历史观；经济的历史观，修正了政治的历史观；科学的历史观，修正了神学的历史观。从前的史书，都认天变地异与神意有关，与君德有关；现在科学昌明，知道日食一类的事，是天体运行中自然的现象，既不是什么灾异，亦不关什么神意，更不关什么君德了。从前的史书，都认火的发见，农业及农器的发明，衣服的制作，为半神的圣人，如燧人氏、神农氏等的功德；都认黄虞时代，为黄金时代；而由进化论及进步论的史观以为考察，此等重大的发见，实为人类生活一点一点的进步的结果；在原人时代，不知几经世纪，几经社会上的多数人有意无意中积累的发见与应用的结果，始能获享用此文明利器。旧史以之归于几个半神的圣人的功德，宁能认为合理？前人为孔子作传，必说孔子生时有若何奇异祥瑞的征兆，把西狩获麟一类的神话，说得天花灿烂；我们若在现今为孔子作传，必要注重产生他这思想的社会背景，而把那些荒正不经的神话一概删除。本着这一副眼光去考察旧史，必定忍不住要动手改作。一切的历史，不但不怕随时改作，并且都要随时改作。改作的历史，比以前的必较近真。Grote作的《希腊史》，比Herodotus的《希腊史》真确的多，就是这个原故。这不是Grote的天才，比Herodotus的天才高；亦不是Herodotus比Grote爱说谎；时代所限，无可如何。Herodotus在他的时代，他只能作到那个地步，再不能更进了；Grote在他自己的时代，固然算是尽其最善，但亦不能说是作到完全。我们固然不能轻于盲拜古人，然亦不可轻于嘲笑古人。历史要随着他的延长，发展，不断的修补，不断的重作。他同他的前途发展的愈长，他的过去的真实为人们所认识的，愈益明确。中国古人有句话，叫做“温故知新”。普通的解释，就是一面来温故，一面去知新。温故是一事，知新又是一事。但这句话要应用在史学上，便是一件事。温故是知新的手段，知新是温故的目的。改作历史，重新整理历史的材料，都是温故的工夫。在这温的工作中，自然可以得到许多的新知。我们还可以把这句倒装过来说，“知新温故”。这就是说拿我们日新月异所进步的知识，去重作历史。“故”的是事实，“新”的是知识。人们对于实在的事实的认识，终不能完全，所以要不断的温；人们对于事实的认识，是一天一天的进步，所以以此去不断的温故的事实，亦必不断的有些新见解涌现出来。这样子我们认识了这永续生存的历史，我们可以用几句最明了的话，说出什么是历史：

“历史不是只纪过去事实的纪录，亦不是只纪过去的政治事实的纪录。历史是亘过去、现在、未来的整个的全人类生活。换句话说，历史是社会的变革。再换句话说，历史是在不断的变革中的人生及为其产物的文化。那些只纪过去事实的纪录，必欲称之为历史，只能称为记述历史，决不是那生活的历史。”

二　什么是历史学

在今日寻历史的真义，虽如上述；而历史这个名辞的起原，则实起于纪录。汉文的“史”，其初义即指秉持典册，职掌记事者而言，再转而有纪录的意义。“历史”在英语为History，在法语为Histoire，在义大利语为Storia，三者同出于希腊语及腊丁语的Historia，其初义本为“问而知之”；由是而指把问而知之的结果写录出来的东西亦云，遂有纪录的意义了。历史在德语为Geschichte，在荷兰语为Geschiedenis，有“发生的事件”的意义。综起来看，“历史”一语的初义，因国而异；而行用既久，滋义甚多，则中国与欧洲诸国同然。但是概括观之，“历史”一语的初义，都是指事件的纪录而言；足征历史学的起源，实起于纪录的历史。纪录的历史，是由记可以流传后世的言行而发生出来的；然其所以记的动机则不必相同：或为使其言行、功业及其所造的事变，永垂诸世勿使湮没；或将以供政治上的参考，俾为后世的模范与戒鉴；或以满足人们的好奇心，以应其知过去明事物的来历的自然的要求；或以满足其欲知邦家种姓的盛衰兴亡，非常人物的言行、经历及其运命的兴味。而其所记的事，又必是有些地方具有特异的性质的：譬如现于水平上的岛屿，耸于云际的山岳，最易惹人们的注意；寻常琐屑的事，则恒不见于纪录。然此种见解，非可适用于今日的历史的情形；欲适用之，则必须附以新解释。今日的历史，不但记述偶然发生的事变，而且记述状态的变迁与沿革；不惟注意例外异常的情形，抑且注意普通一般的事象。历史总是记述以何理由惹人注意的事，至于如何的事才惹人注意，则今古不同。此处所云的历史，是说记述的历史。此类的历史，原是现实发生的各个情形的记述，故其本来的性质，不在就某种事实或对象而为一般的研究，明其性质，究其理法；而在就一一实际的情形，详其颠末，明其来历。即在今日，普通的历史方犹保存此本来的性质；然而今日史学所达的进程，则已不止于单为个个情形的记述与说明。比较的研究，在史学上曾被试用，而历史理论的研究，其目的尤在为关于历史事实一般的说明。

今人一言历史的研究，辄解为沿革的研究，这就是因为认历史是述事物的来历，明其变迁沿革的经过者。通俗谈话，“历史的”这一个形容，表示几种意义，因用的时地不同，而意义亦从之各异：有时单有“过去的”的意味，有时更含有“可记忆的”即“显著”、“卓越”、“可传于后世”的意味，如称某人为“历史的”人物，即是此例。把他当作学术上的用语，就是表明一种考察事物的观察法。这种观察法，专寻事物的起源及过去的变迁、沿革；简单说，于生成发展的关系考察事物，答怎样成了这样的问题，即是历史的考察法。今日论史学的性质，首当注意者，乃为专就生成发展上所研究的事情，即其考察法的“历史的”事情。虽然，只此不能说算是把史学的性质能够充分的明确的决定了。因为史学固有一定的考察法，史学亦有一定的对象。所谓历史考察法，不只能用于人事，即于自然现象，亦能适用之：譬如讲地球的发达，考生物的由来，亦可以说是一种历史的考察；然而那样的研究，不能认为属于史学的范围。史学非就一般事物而为历史的考察者，乃专就人事而研究其生成变化者。史学有一定的对象。对象为何？即是整个的人类生活，即是社会的变革，即是在不断的变革中的人类生活及为其产物的文化。换一句话说，历史学就是研究社会的变革的学问，即是研究在不断的变革中的人生及为其产物的文化的学问。

人以个体而生存，又于种种团体而生存；故人生有为个体的生存，有为团体的生存。人的团体的生存，最显著的例，即是国民的生存；今日史学所研究的主要问题，似为国民的生存的经历。记述为个人生存的经历者，谓之传记；讨究文化的发展者，谓之人文史，亦曰文化史；传记与文化史，虽均为历史的特别种类，然而个人经历与文化发展的研究，亦不能说不是史学范围以内的事。有人说，史学是专研究关于团体的生活者，而不涉及个人的生活。是亦不然，个人生活与团体生活，均于其本身有相当的价值。团体生活的荣枯兴衰，固为吾人所急欲知，所急欲解喻者；而个人的经历与运命，又何尝不一样的感有此兴味？此等要求，盖为吾人自然的要求。且个人生活的研究，不但于其本身有必要；即为团体生活的研究，有时亦非研究个人生活不可。盖个人为构成团体的要素，个人的活动为团体生活的本源，个人在团体的生活中，实亦有其相当的影响，即亦有其相当的意义，故史学不能全置个人于度外。我们固然不迷信英雄、伟人、圣人、王者，说历史是他们造的，寻历史变动的原因于一二个人的生活经历，说他们的思想与事业有旋乾转坤的伟力；但我们亦要就一二个人的言行经历，考察那时造成他们思想或事业的社会的背景。旧历史中，传记的要素颇多，今日的史学，已不那样的重视个人的传记；因为团体的生活，在历史上的意义渐次加重了。然为团体生活的研究，似仍有为传记的研究的必要。

人事的生成发展，不能说不能为演绎的推理的论究，即设某种假设，在其假设之下看如何进行。此种研究法，亦非不可试行于史学；不过史学发展的径路，当初只是沿革的研究，直到今日，才渐知为推理的研究；所以人们多认史学是以事实的研究（沿革的研究）为主的。史学由个个事实的确定，进而求其综合。而当为综合的研究的时顷，一方欲把事实结配适宜，把生成发展的经过活现的描出，组之，成之，再现之；于他一方，则欲明事实相互的因果关系，解释生成发展的历程。由第一点去看，可说史学到某程度其研究的本身含有艺术的性质（不独把历史研究的结果用文学的美文写出来的东西是艺术的作品，就是历史研究的本身亦含有艺术的性质）。由第二点去看，史学的性质，与其他科学全无异趣。实在说起来，所谓事实的组成描出，即在他种科学，亦须作此类的工夫到某程度；所以到某程度含有艺术性质的事，亦不独限于史学，即在地质学，古生物学等，亦何尝不然?

今日的历史学，即是历史科学，亦可称为历史理论。史学的主要目的，本在专取历史的事实而整理之，记述之；嗣又更进一步，而为一般关于史的事实之理论的研究，于已有的记述历史以外，建立历史的一般理论。严正一点说，就是建立历史科学。此种思想，久已广布于世间，这实是史学界的新曙光。

这种严正的历史科学，实际上今尚未能完成其整齐的系统。一般人对于历史科学的观念，仍极泛漠。此种学问所当究论的问题，究竟为何？似尚未有明确的决定。且历史科学（即历史理论）若果成立，他与历史哲学亦必各有其判然当守的界域；直到如今，二者之间并未有明了的界域可守，以致名词互用，意义混同，律以治学明界的道理，似宜加以分别才是。

历史科学能否于最近的将来完成他的系统？历史科学一旦成立，果为如何的性质？历史科学与历史哲学，究有若何的关系？其界域若何？其考察法的相异何在？历史科学所当研究的事实为何？这都是治史学者所当加意研考的问题。

史学原以历史的事实即是组成人类经历的诸般事实为研究的对象，故调查特殊的历史的事实而确定之，整理之，记述之，实为史学的重要职分。就历史的事实为科学的研究，诚不可不基于就特殊情形所为事实的观察与征验；故特殊史实的精查，乃为史学家的要务。然史学家固不是仅以精查特殊史实而确定之，整理之，即为毕乃能事；须进一步，而于史实间探求其理法。学者于此，则有二说：一说谓史家的职分，不仅在考证个个特殊的史实，以求其明确；而寻史实相互的联络，以明其因果的关系，固亦为必要。然考其联络，明其因果关系，以解释史实，说明其发达进化云者，不过是说单就特殊事例的本身所当作的事；至于综合全般的历史以求得一普遍的理法，则非史家所有事。一说则谓史家的职分，不仅在就特殊事例的本身解释史实，更须汇类种种史实，一一类别而为比较，以研究古今东西全般历史的事实，为一般的解释，明普遍的理法，正为史学家的要务。从第一说，则史学家的任务，既不仅在特殊史实的确定，复不在讨究事实的一般性质、理法；而在于特殊史实的确定以外，就特殊事例为推理的考察，以解释之，说明之。从第二说，则史学于特殊事实的考证，固宜有浓厚的兴趣，考察在一一现实的时会，史实如何显现？一般的性质、理法，则各别事情之下，如何各别以为发露？而犹不止此，实际于种种形态，于一一现实的时会，所显诸般史实的普通形式、性质、理法，一般的施以讨究，而抽象的表明之，亦为当然属于史学的任务。由是言之，史学不但就特殊事例为推理的考察，并当关于一般为理论的研究。从第一说，则史学与其他诸科性质迥异，而为一种特别的学问；从第二说，则史学实为与其他科学同性质同步调的东西。史学之当为一种科学，在今日已无疑义，不过其发达尚在幼稚罢了。今日史学的现状，尚在努力为关于事实的考证；而其考证，亦只为以欲明此特殊事例的本身为目的的考证，并非以此为究明一般性质、理法的手段的考证。由这一点去看，第一说似恰适应于今日历史学问的现状。然知识学问，是进步的，发展的，断无停滞于一境，毫无发展进步的道理。研究史学的人，亦不可自画于此之一境，而谓史学不能侪于科学之列，置一般的理论于史学的范围外，而单以完成记述的历史为务。各种学问的发展，其进展的程级，大率相同：大抵先注意个个特殊事实而确定之，记述之；渐进而注意到事实的相互关系，就个个情形理解之，说明之；再进而于理解说明个个事实以外，又从而概括之，推论之，构成一般关于其研究的系统的理论。史学发展的途程，亦何能外是？史学方在幼稚的时期，刚刚达到就各个事实而为解释说明的地步，自与其他已经达到概括的为理论的研究的科学不同。但此之不同，是程度上的不同，不是性质上的不同；是史学的幼稚，不是史学的特色；只能说史学的发展，尚未达到与其他科学相等的地步，不能说史学的性质及观察点，与其他科学根本相异。

史学既与其他科学在性质上全无二致，那么历史科学当然可以成立。史学的要义有三：① 社会随时代的经过发达进化，人事的变化推移，健行不息。就他的发达进化的状态，即不静止而不断的移动的过程以为考察，是今日史学的第一要义。② 就实际发生的事件，一一寻究其证据，以明人事发展进化的真相，是历史的研究的特色。③ 今日历史的研究，不仅以考证确定零零碎碎的事实为毕乃能事；必须进一步，不把人事看作片片段段的东西；要把人事看作一个整个的，互为因果，互有连锁的东西去考察他。于全般的历史事实的中间，寻求一个普遍的理法，以明事实与事实间的相互的影响与感应。在这种研究中，有时亦许要考证或确定片片段段的事实，但这只是为于全般事实中寻求普遍理法的手段，不能说这便是史学的目的。

有些人对于史学是否为一种科学的问题，终是有些怀疑。他们说历史的学问所研究的对象，在性质上与自然科学等大异其趣，故不能与其他科学同日而语。盖人事现象，极其复杂，每一现象的发生，大抵由种种原因凑合而动，种种事情，皆有交感互应的关系。于一一时会，人类的心理有甚不定的要素存在，其理法不易寻测，其真实的因果关系，不易爬梳；故学者说历史是多元的，历史学含有多元的哲学，今欲于多元的历史的事实发见普遍的原则或理法，终属难能，因之史学一般理论的构成，亦殊不易。此等论难，亦未尝无几分真理，顾吾人所谓史学，与其他诸科学同其性质、一其步调者，亦只是就其大体而言。各种科学，随着他的对象的不同，不能不多少具有其特色；而况人事科学与自然科学不可全然同视，人事科学的史学与自然科学自异其趣。然以是之故，遽谓史学缺乏属于一般科学的性质，不能概括推论，就一般史实为理论的研究，吾人亦期期以为不可。人事现象的复杂，于研究上特感困难，亦诚为事实；然不能因为研究困难，遽谓人事科学全不能成立，全不能存在。将史实汇类在一起，而一一抽出其普通的形式，论定其一般的性质，表明普遍的理法，又安见其不能？且在心性的学问，如心理学及经济学、法律学等人文诸科学，颇极发达，各就其所研究的对象，为一般理论的研究的今日，而犹以人事现象复杂难测为理由，主张就史实为一般理论的研究之不可能，真令人百思不得其解了。世界一切现象，无能逃于理法的支配者。人事界的现象，亦不能无特种的理法，惟俟史家去发见他，确定他了。况且依概括的推论以明一般的理法，较之就个个特殊情形一一讨究其凑合而动的种种原因，其事或尚较易。就个个特殊现实的情境，充分的与以解释与说明，史学亦既冒种种困难而为之；今于超乎随着个个事例而起的复杂错综的关系以外，而就全般考其大体以为理解，论者乃视此比较容易的事为不可能，宁非异事？且我们所谓一般的理法，自指存于人事经历的理法而言，非谓于个个特殊事例，常以同一普遍的形态反复表现。在现实个个特殊的时会，种种事情纷纭缠绕，交感互应，实足以妨碍一般的理法以其单纯的形态以为表现。以是之故，此理法常仅被认为一定的倾向。此一定的倾向，有时而为反对的势力所消阻。虽然，此理法的普遍的存在，固毫不容疑，不过在人事关系错综复杂之中，不易考察罢了。

依上所述，我们知道史学的目的，不仅在考证特殊史实，同时更宜为一般的理论的研究；于专以记述论究特殊史实的记述历史以外，尚有讨论一般的性质、理法的历史理论，亦不可不成立。历史理论与记述历史，都是一样要紧。史学家固宜努力以求记述历史的整理，同时亦不可不努力于历史理论的研求。而今观于实际，则治史学者，类多致其全力于记述历史的整理，而于一般史实理论的研究，似尚置之度外；即偶有致力于此者，其成功亦甚微小，以致历史科学尚未充分发展至于成形。固然，关于考证个个史实的研究，虽在今日，仍不可忽视；因为历史的事实，总是在发展中，进步中，没有一个历史是完成的。一个纪录的本身，可以始终于一定的范围作一结束，而其所纪录的史实，则常须随着人们的新智识，新发见，加以改正；所以记述历史，亦要不断的改作才是。今日关于考证个个史实的研究，虽然有显著的进步；然就大体上看，犹有极重要的事实遗剩下来，未能充分的以为讨究者，尚不在少；人们所最欲确知而不得其证据者，尚不在少；以是知学者对此之努力，仍不可一日懈。且个个事实的考证，实为一般理论的研究必要的材料。必个个事实的考察，比较的充分施行；而后关于普遍的理法的发见，始能比较的明确。有确实基础的一般理论，必于特殊事实的研究有充分的准备始能构成。于个个事实的研究多尚未能作到比较的充分的今日，而望历史理论的系统完全成立，实在是很难。故在今日，于一般理论必要的准备未成的时候，不能认有确实基础的一般理论完全构成。科学不是能一朝一夕之间即能完成他的系统的。历史科学的系统，其完成亦须经相当的岁月，亦须赖多数学者奋勉的努力。有志于历史理论的研究者，宜先立关于其结构的大体计画，定自己所当研究的范围，由与记述史家不同的立脚点，自选材料，自查事实。历史理论家欲图历史理论的构成，必须抱着为构成历史理论的准备的目的，自己另下一番工夫去作特殊事实的研究。这样子研究的结果，才能作历史理论的基础。同时又须采用生物学、考古学、心理学、社会学及人文科学等所研究的结果，更以征验于记述历史，历史理论的研究，方能作到好处。今日一般所作的关于特殊事实的研究，乃是专为整理记述历史而下的工夫，合于此目的者便去研究，否者则不蒙顾及。于为整理记述历史毫无必要的事实，容或于构成历史理论非常的要紧；而且同一的事实，在理论史家看来，其观察法与记述历史家不同，必须立在他的特别立脚点以新方法为新研究，方于自己的企图有所裨益。然则为整理普遍记述历史所要确定的个个事实，即悉为充分的调查与确定，以供之于理论史家，那样的材料，亦于理论史家无直接的效用。所以理论史家为自己的企图的便利起见，不能不自己下手去作特殊事实的研究；或于记述史家所未顾及的事实加以考证，或于记述史家所曾考证的事实，更依自己的立脚点用新方法以为考察；当自辟蹊径，不当依赖他人；这样的研究下去，历史理论即历史科学，终有完全成立的一日。历史理论实为政治学、伦理学、教育学直接的基础，故史学的成立，于人生修养上很有关系。即于记述历史的研究，亦能示之以轨律，俾得有所准绳，其裨益亦非浅鲜。真挚的史学者，幸共奋勉以肩负此责任！

三　历史学的系统

论到此处，我们要论一论历史理论的系统是由些什么部分组成的了。前边说过，历史理论是以一般就种种史的事实研究其普通的性质及形式，以明一以贯之的理数为目的的。史的事实为何？简约言之，便是构成人类经历的诸般事实。在历史理论上所研究考察的事物全体，即是此人类生活的经历。此处所谓人类生活的经历，不是指那作为一个动物在自然界的人类生存的经历而言，乃是指那为意识的活动的一个社会的生物的人类生活的经历而言。此种意义的人类生活的经历，其性质决非单纯，实为一种复杂的组成物。人类的经历，是一个概括的名称，包括人类在种种范围内团体生活的总合。人类在社会上，为一个人而生存，为氏族的一员而生存，为各种社团的一员而生存，为一国民的一员而生存，为民族的一员而生存，又为全人类的一员而生存。故吾人有个人的生活，有氏族的生活，有种种社团的生活，有国民的生活，有民族的生活，又有人类的生活。人类生活的经历，即由这些种种生活相凑泊相错综而成。我们要想了解人类经历的总体，不能不就此种种生活下一番剖析分解的工夫，一一加以精细的研究。

最广义的历史学，可大别为二大部分：一是记述的历史；一是历史理论，即吾人之所谓历史学。严正的历史科学，乃是指此历史理论一部分而言。在记述的历史中，又可分为个人史（即传记）、氏族史、社团史、国民史、民族史、人类史六大部分。在历史理论中，亦可分为个人经历论（即比较传记学）、氏族经历论、社团经历论、国民经历论、民族经历论、人类经历论六大部分。列表如次：

- 历史学（广义的）
  - 记述的历史……
    - 个人史（传记）
    - 氏族史
    - 社团史
    - 国民史
    - 民族史
    - 人类史
  - 历史理论（狭义的历史学）
    - 个人经历论（比较传记学）
    - 氏族经历论
    - 社会集团经历论
    - 国民经历论
    - 民族经历论
    - 人类经历论

现代史学家多认历史所当治的范域，以社会全体或国民生活的全般为限，故有人谓历史是社会的传记。如此解释，吾人以为失之太狭。个人的生活，氏族的生活，种种社会集团的生活，民族的生活，乃至全人类的生活，都应包括在历史的范围内。

记述历史与历史理论，其考察方法虽不相同，而其所研究的对象，原非异物。故历史理论适应记述史的个人史、氏族史、社团史、国民史、民族史、人类史，亦分为个人经历论、氏族经历论、社团经历论、国民经历论、民族经历论、人类经历论等。为研究的便利起见，故划分范围以为研究。那与其所研究的范围了无关系的事项，则屏之而不使其混入；但有时为使其所研究的范围内的事理愈益明了，不能不涉及其范围以外的事项，则亦不能取不敢越雷池一步的态度。例如英雄豪杰的事功，虽当属之个人史，而以其事与国民经历上很有影响，这亦算是关于国民生活经历的事实，而于国民史上亦当有所论列，故在国民史上亦有时涉及个人、氏族或民族的事实。反之社会的情形，如经济状况、政治状况及氏族的血统等，虽非个人史的范围以内的事，而为明究那个人的生活的经历及思想的由来，有时不能不考察当时他所生存的社会的背景及其家系的源流。

记述历史与历史理论，有相辅相助的密切关系，其一的发达进步，于其他的发达进步上有莫大的裨益，莫大的影响。历史理论的系统如能成立，则就个个情形均能据一定的理法以为解释与说明，必能供给记述历史以不可缺的知识，使记述历史愈能成为科学的记述；反之，记述历史的研究果能愈益精确，必能供给历史理论以确实的基础，可以依据的材料，历史理论亦必因之而能愈有进步。二者共进，同臻于健全发达的地步，史学系统才能说是完成。

此外尚有种种特殊的社会现象，史学家于其所研究的事项感有特殊兴趣者，均可自定界域以为历史的研究。例如政治史、法律史、道德史、伦理史、宗教史、经济史、文学史、哲学史、美术史等都是。此种特殊社会现象的历史，自与从普通历史分科出来的个人史、氏族史、社团史、国民史、民族史、人类史等不同。个人史、氏族史等皆是考察叙述活动的主体的人或人群的经历者，与政治史、法律史等不同。政治史、法律史等乃考察一种社会现象本身的经历者。但在以叙述考察人或人群的经历为主的普通历史中，亦未尝不涉及此类特殊的社会现象。例如在国民史中，不能不就国民生活经历的各方面为普泛的考察，自然要涉及国民经济的生活、宗教的生活、伦理的生活等，但在此时，不是以研究经济现象、宗教现象、伦理现象的本身为本旨，单是把经济现象、宗教现象、伦理现象，看作构成国民生活经历的全体的一种要素而叙述之，考察之。至于把经济、宗教、教育、文学、美术等社会现象，当作考察的中心，讨究记述此等社会现象有如何的经历，为如何的发展，不是由普通历史分科出来的诸种历史（如国民史等）的目的。为达这种目的，应该另外有研究记述此等社会现象的历史存在。这特殊社会现象的历史，其目的乃在就为人类社会生存活动的效果的人文现象，即所谓社会现象，一一究其发达进化之迹，而明其经历之由来。其所考察的目的物，不在为活动主体的人或人群的经历与运命，而在人或人群活动的效果。发展进化的经过，其性质与由普通历史分科出来的诸史迥异，不待辩而自明。

综合种种特殊社会现象的历史所考究所叙述者，就其总体以考察记述那样人类于社会活动的产物，以寻其经历而明其进化的由来，关于人文现象的全体以研考其发达的次第者，最宜称为人文史，亦可称为文化史。人文史恰与普通史中的人类史相当。人类史以把人类的经历看作全体，考究叙述，以明人生的真相为目的；人文史则以把人类生存及活动的产物的来历看作总体，考察记述，以明人文究为何物，如何发展而来的为目的。前者综合在种种形式人的生活经历的历史而成，后者则综合种种特殊社会现象的历史而成。二者的性质，皆系包括的，记述的；惟其记述的主旨，则各不相同。

对于政治史、经济史、宗教史、教育史、法律史等，记述的特殊社会现象史，已有研究一般理论的学科。对于政治史，则有政治学；对于经济史，则有经济学；对于宗教史，则有宗教学；对于教育史，则有教育学；对于法律史，则有法理学；对于文学史，则有文学；对于哲学史，则有哲学；对于美术史，则有美学；但对于综合这些特殊社会现象，看作一个整个的人文以为考究与记述的人文史或文化史（亦称文明史），尚有人文学或文化学成立的必要。

现代史学家方在建立中的历史理论，当分为六大部分，已如上述。我们现在要进而略论这些部分的内容了。

第一，人类经历论，是研究记述人类总体的经历的部分，但此一部分理论，非到人类史的系统完成后，不能着手研究。将来记述历史分科的研究，日益发达，终能促进人类史及人类经历论的实现。现在有所谓世界史者，其内容与此处所云的人类史不同。这种世界史，不是并叙各国史，即是叙说列国关系的发达；其内容仍为研究国家经历的事实，在学问的性质上，这不过是国民史的一种，决非吾人所说的人类史。传记里边有只叙一人的，亦有并叙数人的；世界史只是一个并叙数国的传记，故宜列入国民史。各部分的研究，实为总体研究的基础；人类史的研究，又为人类经历论的根据，故人类史及人类经历论，是最后成立的一部分。

第二，民族经历论，是比较种种民族的经历，研究普通于一般民族经历的现象的部分。其所研究的范围，举其要者，如民族的盛衰兴灭，其普通的理法安在？原因为何？民族的迁徙移动，本于何因？发生何果？如何的天然情境，人事状态，有以促进之，或妨阻之？其移动常取若何的径路？民族间的交通接触与杂居，于文化上发生若何的影响？民族与民族接触后，若者相安于和平，若者相残于争战，其因果若何？杂居以后，必生混合的种族，混种之影响于文化者又何若？先进民族与浅化民族相接触，在浅化民族方面，发生若何的影响？这都是民族经历论所当研究的问题。

一个民族都有一个民族的特性，即各民族都有其特别的气质、好尚、性能。此民族的特性，果与民族的经历有若何的关系？亦为民族经历论所当研究的事项。我想一个民族的特性，可以造成一个民族的特殊历史。民族特性，即是使各民族各有其特殊的经历的最有力的原动力。而在别一方面，各民族于其生活经历中所起的种种事变，种种经验，有时或助长、养成、发达潜在于该民族特性中固有的特色；有时或反阻抑其发展，甚或有以变化之；故在民族经历论，不可不于此点加以详密的考察。或谓民族特性实为受地理的影响而成者，然此亦非以简单的原因所能解释。一民族特性的成立，固受地理的影响不少，但此外如人种的、经济的关系，亦不能说全无影响。历史是多元的，不是简单的，此理应为史学家所确认。

又如民族经历与民族文化的关系，亦为民族经历论所当论及的问题。民族文化者何？即是民族生存活动的效果，包括于其民族社会发展的人文现象的总体。民族文化的成立，民族的经历实有伟大的影响；追民族文化既已发展成熟，却又为决定民族将来经历的重要原素，其间实有密切的关系。民族经历论应细为比较，以明其理法。

民族经历论与人类学、人种学不同，又与民族心理学亦各异其性质。人类学是人类其物的理学，是关于人类的本质、现状及其由来，所为的一般的学术的考究；人种学是考查现在诸人种的特质及其分布，并其相互关系的学问；皆与历史理论中的民族经历论不同。民族经历论，不是研究人类，亦不是研究人种，乃是关于在民族经历中所显现象的性质及其理法的学术的研究。亦有同一的事实，在民族经历论里要研究他，在人类学里要研究他，在人种学里亦要研究他；但其所研究的事实虽同，而其所以研究的目的各异。例如“移住”这一个事实，在人类学，是为解释人类何以有今日，才去研究他；在人种学，是为说明现时诸人种地理的分布及人种的相互关系，才去研究他；在民族经历论，则是把他当作构成民族经历的事实，而研究其性质与理法，以明其与别的民族生活上的事实的关系。民族心理学是研究有没有可称为民族的精神的东西？若认定为有，那到底是什么东西的学问？他是以征验于神话、言语、文学及其他民族文化的种种要素，为其研究调查的主眼；以民族内的生活现象，为其研究的目的。民族经历论所研究者，乃为民族的外的生活，即构成经历的事实。民族心理学是心理学的一种，民族经历论是历史理论的一部。

第三，国民经历论，是就一般研究说明普通于国民生活的现象的部分。兹所谓国民者，即是依政治的统一所结合的人民的集团。于国民经历论中所当论究的问题甚夥，举其要者，略如下述：

国民的成立有种种的原由，其发达状态的主要形式为何？国民的盛衰兴亡，与国土天然的形势，对于他邦的位置，人口的多寡，人民的性质，详细一点说，就是人民的道义、智识、好尚、经济的能力、政治的能力、军事的能力等，有如何的关系？又与政体社会的编制，国内统一调和的程度，宗教、教育、风俗、习惯并财富的分量及其分配的状况，交通机关的整备，有如何的关系？英雄豪杰的出现，于国民的发达进步上，有如何的影响？这都是很重要的问题，很应该在国民经历论中讨论的问题。余如由国际的关系、国民平和的交际及轧轹争斗等所生的种种结果若何？国民的情感、国民的意志之发展进化，与国民的经历有如何的关系？国民文化即所谓国粹的性质若何？并其基因于过去的国民经历者若何？影响于将来的国民经历者若何？亦应在国民经历论所当研究的范围内。

一国民所认为共同生活的大目的，亦因时因所而有差异。

或对于外来的攻袭仅为防卫的准备，或整军经武将以征服人种灭亡人国，或奖励探险以为拓土开疆的远征，或为经济上产业上的侵略以图压服他国，或不求外展只努力于维持国内的平和，凡此者皆因时因地因境遇的不同而常有变迁。又如国体、政体，亦因国而有不同；同一国家，又因今古异势而有变化；凡此变迁，其主要的原因为何？乃至国民的言语、文字、信仰、思想、风俗、习惯的一致，特别是同民族的观念，影响于坚结国民团结的精神上者有如何的效果？这些亦都是应该在国民经历论里所当比较对照以为研究的问题。

国民经历论与政治学亦不相同。政治学的用语，其性质范围，固不可以一概而论；而从其最广义的解释，政治学就是国家学。国家学是专研究国家的学问，他的目的在专以究明政治的现象。在国家学、政治学中，多少亦有论到国民的地方，但此不过是为明政治的理论，附带着言其概略，并不专在研究国民的经历。且政治学每置重于直接应用的方面，专在研究适应于现时社会状况的政治组织及其运用，特别注重发达进步的国家编制而详加考察。国民经历论则反是，广搜古今东西的事实而比较对照，以为研究就一般以于国民的经历考究普遍的现象。国家学、政治学，虽与国民经历论有密切的关系，国民经历论的发达与国家学、政治学的研究以确实的基础，但二者决非同物，在学问的性质上，不可混而为一。

第四，社团经历论，是研究氏族生活、国民生活、民族生活以外的种种社会集团的生活的部分。这些社会集团，其成立的原因有种种，其发达的程度亦有种种。宗教的团体如教会等；关于政治、学术、文艺、社交的结社，如政党、学会等；为经济的关系而设立的团体，如组合、公司、堂、公所等；这等集团比国民的生活较为薄弱。即有结合较为坚固者，亦不过隐然成为一体，感共同利害，有共同意识，为一致活动到某一定的程度而止。亦有没有巩固的体制的社会集团，例如一国有农民阶级或武士阶级，皆属此类。社会集团有只限于国内者，有为国际的组织者；其范围有极狭隘者，有极广漠者。例如几多的邦国圈，同在一个人文圈内；那个人文圈内的几多国民，像一体似的营共同生活到一定的程度，自然有国际的社会集团发生；就是那个人文圈虽然没有确固的体制，仍不失为一种的社会集团，这就是范围极广的社会集团。把这些种类的社会集团为适当的分类，就构成此等社会集团经历的事实为一般理论的研究，就是社团经历论。在社团经历论里所当研究的问题，就是人在种种社会集团的生活。其所研究的事项，不外种种社会集团的性质，其发生的因由，其主要的形式，因时因地其形态的种种变化，助成或妨阻种种社会集团的成立及其发达的种种要素。

第五，氏族经历论，就是于血族或可看做血族者的集团生活讨究普通现象的部分。吾人于个人的生活以外，尚有在氏族的生活，研究此在氏族的生活的性质，考察组成氏族生活经历的事实的理法，即是氏族经历论的任务。此研究当自考察家族及氏族的组织，其编制的进化，其结合的维持，所以强固其团结的种种要素，及其致分裂离散解体的种种情状开始；而于关于氏族的盛衰兴亡，氏族的繁殖力等问题，尤宜慎审周详，以为翔实的研考。此外生理上、心理上遗传的现象，于氏族生活上的关系，氏族的世袭职业资格等，及于其经历上的影响；同氏族者的相互扶助及其对外的联带责任，因时势的变迁如何以为沿革？氏族内部的编制即族长家长与其所属的关系，并一般尊属亲与卑属亲的关系如何？于种种的国家社会组织氏族自治的范围若何？相异氏族间的相互关系如何？族的独立自存与婚姻进化的关系若何？乃至关于族的分布、迁徙、隐居、养子等问题，均当研究及之。

第六，个人经历论，是研究个人生活的普遍现象的部分。就是传记的一般理论，亦可称为比较传记学。凡人的寿命的长短及健康的如何与功业的成否有如何的关系？人生由生理上、心理上、社会关系上可分为若干期？早熟或晚成？因男女性的不同经历的差异如何？个人的性格与其经历间有如何相互的关系？都是于个人经历论所必要调查的事项。个人的生涯人各异趣，几乎千别万差，实则于其差别中亦有一致的点、平等的点。个人生活云者，一般从大体的途径进行，其经历，自有某种普遍的形式，又有在其经历中起于一定阶段的一定的现象，此普遍的形式、一定的现象如何？各人的经历在大体上虽有一致的点，而于细目则有千别万差，果由如何的原因？人的体质、气质、性能、教育、社会上的位置、职业、所与交际往来的人物、所遭遇的国家社会的状态，于其经历上有若何的影响？对于此等疑问，尽力与以解释的，即此个人经历论的主要任务。

在研究的次序上，应以个人经历论为着手点。因为个人的生活，视其他诸种的共同生活为单纯的而根本的，故先详察为诸般共同生活的原素的个人生活经历，然后渐及于关系益加复杂、范围益加广大的种种共同生活的经历，其事简而功效易收。且个人的生活经历，为吾人所亲验习知的事，有无数的实例，陈布于吾人的面前；而个人生活的期间，在较短的时期终结，故得详考其始终而察其因果；以视在民族国民的悠久的生活中寻求因果者，其难易实大悬殊；许多学者从事于此种研究，颇能得利用统计的方法的便利。

历史理论应包含此六部分，而随着分科研究的发达，在此六部分内或可再分细类，如法律之分为民法、刑法、商法等。今将上述的史学系统，列一详表如次：（见下）

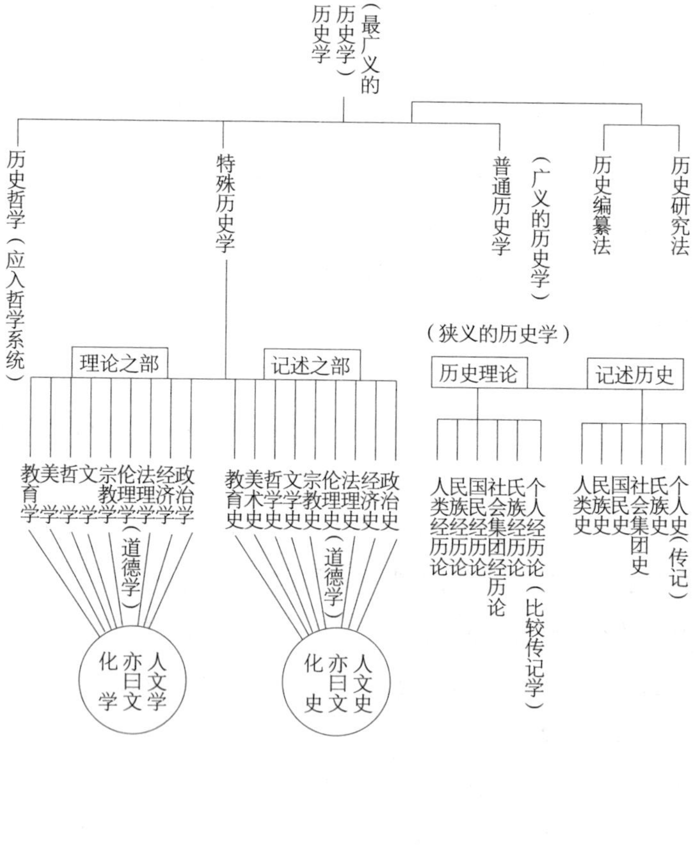

历史理论与历史研究法决非同物，但此二者常易相混。有谓历史研究法上的议论为历史理论者，又有称历史研究法为史学原理者，此皆非是。称一种学问的研究法为其学问的理论与原理，实不妥当。学问的理论与原理，是说明一种学问对象的一般的性质、形式、理法者。例如经济学即经济理论，是说明经济现象的一般的性质、形式、理法的；历史学即历史理论，是说明历史现象的一般的性质、形式、理法的；不得云经济理论即是经济学研究法，历史理论即是历史研究法。一种学问的研究法，是说明怎样去研究那种学问对象的性质、形式、理法的方法的；其性质、范围与一种学问的理论，纯为二物。例如历史研究法，是说明历史学所研究的材料都是些什么？怎样去采集他们，选择他们，编制他们，整理他们？怎样去就史的事实，一一的加以考证，与以确定？怎样去考察事实相互间的因果，而说明之，解释之，明其所以然的道理？怎样去汇类全般的史实，而考察其一般的性质、普通的形式、普遍的理法？更依此理法以为说明与解释，这都是历史研究法的任务。此外还有一种历史编纂法（Historiography），是说明怎样去依学术的方法以编纂记述的历史？怎样去编制图表？这亦可附属于历史研究法内。由是言之，历史研究法中有一部分是历史理论的方法论，但历史理论的方法论与历史理论的本身，迥非同物，此理不待辨而自明。固然，在历史研究法中，亦当有论及历史理论的地方；但不能据此以为历史理论应该附属于历史研究法的理由。历史研究法是教人应依如何的次第、方法去作史学研究的阶梯学问，是史学的辅助学问。历史理论则非别的学问的辅助与预备，实为构成广义的史学的最要部分。当兹历史理论的系统尚未完成确立的时代，每易使人致疑于历史理论就是历史研究法；历史研究法以外，别无历史理论存在的必要，这不能不与以辨明。一以证历史理论之宜独立的存在，一以明二者学问上的性质，告人以不可混同的理由，故特附数言于此。但有一事望读者幸勿误会，我这一段议论，却不是扬理论而抑方法。兹所云云，亦惟在明其性质，毫不含有价值轩轾的意味于其间。研究一种学问方法论的讨究，亦为极要，而且甚难。吾侪治群学、史学者，不可不于史学研究法多多致力。

四　史学在科学中的位置

史学、哲学、文学，可称为三姊妹的学问，关系极为密切。溯其原始，三者皆起于古代的神话传说，渐进而流别各殊，然其间终有互相疏通的自然倾向，大有朝宗归一的趋势。

进化的程序，大抵由浑之画，由简之繁；学问的分科别部以为研究，亦是学术进化的必然的结果，于是学者各分疆域，于自己所研究的范域内，专其力以精其业。顾其流弊所趋则于“专”、“精”之义做到十分，而于“贯通”之义，几付之阙如。学者于此，类皆疆域自守，老死不相往来，以遂其专一的责业，深造的工夫，殆无博征广涉的余暇。即就史、哲、文三者而论，其关系如兹其接近，而欲通其界域，以成相辅相益的关系，犹非易事，况于其他！

文、哲、史三者并举，始自倍根（Francis Bacon）。倍根以西历一五六〇年一月二十二日生于伦敦The Strand街约克馆（York House）。所著《学术的发展》（*Aduancement of Learning*）（此书的详名为*The Two Books of Francis Bacon*，*of the Proficience and Aduancement of Learning*，*Devine and Humane*），实以一六〇五年秋出版。其时倍根年四十六岁。彼于此书，博观学问的全体，详述当时学问的现状，更论今后尚要于如何的方面益进而为研究。厥后倍根晚年，更以是书为基础，加以补订，于一六二三年复以腊丁文公之当世，即*De dignitate et augmentis Scientiarum*（*Of the Dignity and Advancement of Learning*）是。倍根曾把全体学问，分为史学、哲学及诗，鼎足而三。其说即见于上述的二书中。

以其前后二书比较对勘，所论不无异同，缺于彼而见于此者有之。今据其腊丁文本，倍根认依心的能力类别学问为最良的方法，而先分之为历史Historia（History）、诗Poesis（Poesy）、哲学Philosophia（Philosophy）三者。其意盖谓心灵有三种能力：一曰记忆Memoria（Memory），二曰想象Phantasia（Imagination），三曰理性Ratio（Reason）；而以历史为关于记忆者，诗为关于想象者，哲学为关于理性者。彼可分历史为二类：一为自然史Historia Naturalis（Natural History），一为人事史Historia Civilis（Civil History）；此外如宗教史Historia Ecclesiastica（Ecclesiastical History）、文学史Historia Literaria（Literary History），倍根则悉纳之于人事史中。倍根视文学史极为重要，以为尚未曾有。他说无文学史，则世界的历史将无特能表现其精神与生命者，正如Polyphemus（Cyclopes岛的首长出何美儿Homer诗）的像没有眼睛一样。故彼以文学史宜作，而尝论其研究编纂的方法。顾倍根之所谓文学史，非今世所云的文学史，乃为一种学艺史。从倍根的说，则哲学宜分为三部分：其一关于神明Numen（the Deity），其二关于自然Natura（Nature），其三关于人Homo；此外尚须有一为此等部门的本源的普遍的学问谓之Philosophia Prima。Philosophia Prima者，即第一根源的哲学。倍根之所谓诗，似非韵文的意味，乃指某一种类的文学，即想象假作而叙事者。又其所谓Philosophia者，从通例亦译为哲学，实则译作“穷理”，较为稳当。

“De Augmentis”，在西洋思想史上为特可注意的一种；而史、哲、诗的鼎立论，亦于欧洲学问分类法的历史上特别的显著。随着时代的迁移，思想亦生变化。学问发达的程度，既代有不同，从而关于学问的分类，各种学科的位置，自生新的见解。史、哲、诗的三分法，不足以适应当代学问的分类，则有孔德、斯宾塞诸子，起而别创新分类法，以求适应当代学问所达到的程度。即专就历史与哲学而论，今人解此二者，与倍根不同；古时用哲学一语，义颇含括，今则限制谨严，不容泛假，普通所谓科学者，则另外认其存在了。历史一辞，偶有用于关乎自然事物者，即今亦非全无；然在今日，通例一言历史，人即认为专关于人事；且以历史为关于记忆者，哲学为关于理性者，亦为今人所不能满足；古今人关于此二者的解释不同，亦不容含混过去。

史学在欧洲中世以前，几乎全受神学的支配；以为人间的运命，全依神的命令而定；历史的行程，惟以神意与天命为准。那教父奥古士丁（Augustin）的思想，即是这种历史观的代表。所著《神国二十二书》，即是发表这个思想的。其思想直至今日，尚为全世界的基督教所代表。他说历史是由魔国移向神国人间努力的过程。个人于兹世的生活，以应神的思召者为最有价值；国民的活动，亦以尽力于建神的国于地上者始有价值。厥后谷灵蒲（George Grupp）著《文化系统及历史》，即宗此说。在此等时代，神学而外，几无科学之可言。到了十六七世纪顷，宗教的权威，随着文艺复兴的运动，渐归澌灭，所谓启蒙思想，盛行于时。十六世纪中，已有哥白尼（Copernicus）及凯蒲儿（Kepler）出，推翻天动说，建立地动说。入十七世纪，加理略（Galilei）见灯笼摇动，而有摆动法则的发见；奈端（Newton）见苹果落地，而有引力法则的发见。依据引力法则，可以解释一切自然界的现象，唯物论无神论的宇宙观、人生观，于是乎发端。到了康德的时代，他已经想望当有凯蒲儿及奈端其人者，诞生于史学界；迨经孔道西（Condorcet）、桑西门（Saint–Simon）、孔德（Comte）、韦柯（Vico）、马克思（Karl Marx）诸哲，先后努力的结果，已于历史发见一定的法则，遂把史学提到与自然科学同等的地位，历史学遂得在科学系统中占有相当的位置。

孔道西认历史是进步的，以智识进步的运动解释历史。他说历史的价值，在供给可以预见将来的材料，但必须发见一种运动的法则，始能据为预见的准则。而孔氏则不惟未曾立下这法则，亦且并未寻求这法则。

桑西门是孔道西的承继者，亦如孔德是桑西门的承继者一样。桑西门继孔道西起，认宇宙一切的现象形成一个统一的全体。吾人于自然现象既可依一定的法则寻出其间的因果关系，历史现象与自然现象何择？何以不能寻出一种如引力法则一样的法则，以于驳杂万状零碎无纪的历史事实中间考察其间的因果关系？换句话说，就是为要把历史学作成一种科学，不可不尽力为历史法则的发见。依此历史法则，不但可以说明过去及现在，并且可以说明将来。他认历史的联续，实亘过去、现在及未来而为一个一贯的法则所支配。

桑西门由历史抽绎出来的法则，为组织的时代与批评的时代的递嬗，亦可以说是建设的时代与革命的时代的代嬗。在苏格拉的（Socrates）时代以前，希腊有一个组织的时代；继此而起的，是一个批评的时代，至蛮人侵入的时候止；继此而起的，又是一个组织的时代，此时代由Charlemagne时至十五世纪末止；继此而起的，又是一个新批评的时代，此时代由路德时起，以迄于今；继今而起的，必又是一个新组织的时代。

桑西门初受孔道西的影响，把知识的历史观，很强烈的表现于他的初期著作，谓历史的进动，其动因在知识的进步。知识决定宗教，宗教决定政治，故知识决定历史。后来承继这种历史观而发挥光大之者，实为孔德。

厥后桑西门观于法兰西大革命及革命后法兰西的经济情形，其历史观乃一变而重视经济的因子；但其根本原理，即其方法论，并未有所变动。他看革命时的法兰西，政治上虽屡遭激变，而于社会生活的根底，未尝有何等可以认出的变化。以知政治形式的如何，于人类生活无何等本质的意义。政治于社会，不过是第二义的；构成社会生活的根底而决定历史者，不是知识，不是宗教，亦不是那建筑在知识上、宗教上的政治，实是那致人类生活于可能的产业组织。他于是确立一种历史的法则，认历史过程惟有经由产业组织的变化才能理解；将来的社会，亦惟依产业发达的倾向才能测度，这是桑西门的经济的历史观。后来把此说发扬光大集其大成者，厥为马克思。

孔德承桑西门的绪余，从知识的进步上考察历史的法则，以成他的“三阶段的法则”（Law of three stages）。孔德认历史的发展，实遵此三阶段的法则而进。不但全个的历史行程是如此的，便是一个知识，一种科学，或是天文学，或是社会学，莫不遵此法则以为进步。所谓三阶段的法则，就是说社会的进化分为三个时期：第一时期，是神学的阶段，或云假设的；第二时期，是玄学的阶段，或云抽象的；第三时期，是科学的阶段，或云实证的。第一阶段，是人智发展的开端，第三阶段是人智发展的终局。这是孔德实证哲学的根本论法，亦即是孔德的学术系统中的社会学的根本理法。

可与桑西门、孔德，并称为历史学、社会学的先驱者，还有韦柯。他是个义大利人，生于十八世纪。在那个时代，他的学说并未发生若何的影响。后世学者说他的思想，在十八世纪是太早的“时代错误”（Anachronism）。所著《新科学论》（*Scienza Nuova*），直到十九世纪法兰西革命后，才由Michelet译成法文，他的思想在史学界才发生了影响。

韦柯立志想把社会的研究，放在那依笛卡儿（Descartes）、奈端辈的成绩所确保的确实基础上。他的根本观念，在谓社会历史的发明解释，须寻之于人类精神。世界与其说先是想出来的，不如说先是觉出来的，这便是生存于自然状态没有政治组织的原人的情境；第二期的精神状态，是想象的知识，亦可说是诗的智慧，英雄时代（Heroic age）的半开社会，恰当于此境；最后是概念的知识，适当于开明时代。这亦可以说是韦柯的“三阶段的法则”。他认各种社会皆须经过此三期，每一期的知识状态，可以决定那一期的法律、制度、言语、文学并人类的品德与性质。他主张社会是一期衰退，一期昌明，依螺旋状的运动（Spiral Movement），循环着向前进步。

唯物论的历史观，有两派可以代表，一派是海尔革（Hellwald）及席克（Seeck）等的进化论派，一派是马克思及恩格尔（Engels）辈的经济学派。

海氏著有《自然的发展上的文化史》（一八七五年），席氏著有《古代世界衰亡史》（今已出至五卷，一八九四——一九一三年），都以生物学上的根本法则解释历史。

马克思一派，则以物质的生产关系为社会构造的基础，决定一切社会构造的上层。故社会的生产方法一有变动，则那个社会的政治、法律、伦理、学艺等等，悉随之变动，以求适应于此新经变动的经济生活。故法律、伦理等不能决定经济，而经济能决定法律、伦理等。这就是马克思等找出来的历史的根本理法。

这样子历史学在科学上得有相当的位置。治史学者，亦得有法则可循。后来有一派学者起来，不以此为满足。他们以为历史学虽依此得有在科学中的位置，但此位置终系比附自然科学而取得的；于是努力提倡一种精神科学，使与自然科学对立。作这种运动的先驱者，首为翁特（Wundt），余如兰蒲瑞西（Lamprecht），亦欲依此方法定历史的学问的性质。然翁特等所主张的精神科学，由学问的性质上说，亦与自然科学等是以法则的发见为其目的。固然，依翁特的见解，虽等是说因果的法则，但为精神科学的目的者是内的法则，与自然科学所研究的外的因果法则迥异。然自学问的性质上看，二者之间，终无大差。这个运动，仍不能给历史学以对于自然科学得有独立的位置的保证。于是又有继翁特精神科学的运动而起者，则德国西南学派的文化科学运动是德国西南学派，亦称巴丹学派，与马尔布尔西学派同以新康德派见称于世。此派创始于文蝶儿班德（W. Windelband），而理恺尔特（H. Rickert）实大成之。余如梅理士（G. Mehlis）、拉士克（E. Lask）等，皆为此派的中坚。今也，文氏终老，拉氏亦复战死于疆场，西南学派的重镇，屈指数来，不能不推理、梅二氏了。

此派的历史哲学，亦称为新理想主义的历史哲学。这种运动，就是主张于自然科学外建立历史的科学，即文化科学的运动。自然科学的对象，即是自然。自然为物，同一者可使多次反复，换句话说，就是说同一者可使从一般的法则反复回演，如斯者以之为学问的对象，不能加以否认；因而自然科学的成立，亦易得有基础。然学问的对象，于可使几度反复回演者外，还有只是一回起一趟过者：这不是一般的东西，乃是特殊的东西；不是从法则者，乃是持个性者，是即历史。应该于自然科学外，另立文化科学，即是历史的科学以研究之。自然科学的对象为自然，文化科学的对象为文化；自然是一般的东西，故须用一般化的方法研究之，文化是持个性者，故须用个性化的方法研究之；自然不含有价值，故用离于价值的方法，文化含有价值的意味，故用价值关系的方法。他们不把历史看作法则学，却把历史看作事实学。这文化科学能够成立与否，现方在学者研究讨论中。这是史学在科学系统中发展的径路。

五　史学与其相关学问的关系

与史学有较近的关系的学问，大别可分为六类：

第一类，言语学、文学。

第二类，哲学、心理学、论理学、伦理学、美学、教育学、宗教学。

第三类，政治学、经济学、法律学、社会学、统计学。

第四类，人类学、人种学、土俗学、考古学、金石学、古书学、古文学书。

第五类，关于自然现象的诸种科学，及其应用诸科学（包含医学工学等）。

第六类，地理学。

在上所举的与史学有关系的学问中，我只择出文学、哲学、社会学三种，说一说他们与史学的关系；因为这三种学问，与史学的关系尤为密切。

甲、史学与文学

古者文史相通，一言历史，即联想到班、马的文章，这是因为文史的发源，都源古代的神话与传说的原故。这些神话与传记的记载，即是古代的文学，亦是古代的历史；故文史不分，相沿下来，纂著历史的人，必为长于文学的人。其实研究历史的学者，不必为文豪，为诗人；而且就史实为科学的研究，与其要诗人狂热的情感，毋宁要科学家冷静的头脑。至于记述历史的编著，自以历史文学家执笔为宜。因为文学家的笔墨，能美术的描写历史的事实，绘影绘声，期于活现当日的实况。但为此亦须有其限度，即以诗人狂热的情热生动历史的事实，应以不铺张或淹没事实为准。这样子编成的历史，含有两种性质：一方是历史的文学，一方是历史科学的资料。

现代的报纸，其性质亦与史相近。有人说在某种意义，历史可以说是过去的报章，报章可以说是现在的历史。这话亦有些道理。作报的人要有文学的天才，亦要有史学的知识。这样子做报，那作出的报章，才是未来史家的绝好材料。

乙、史学与哲学

史学与哲学的关系，得从两个异点考察之：第一，史学与哲学，伊古以来曾于实际有如何的关系？二者之间，事实上有如何相互的影响与感应？第二，二者由其研究的性质上有如何相互的关系？前者谓之历史上的关系，后者谓之性质上的关系。今欲研究二者历史上的关系，其事非我的能力所能胜。兹但就其性质上的关系，由二者的立脚点分别以为观察。

1. 以史学为主对于哲学的关系

（1）史学的对象，既为人生与其产物的文化，则为文化一要素的哲学，当然亦在史学的对象中。研究历史者，有时要研考一时代的文学、美术、宗教、道德、法律、政治、经济，有时亦要研考一时代的哲学思想的由来及其变迁沿革，并其与其他文化诸要素发展进化的相互关系，乃至其及于国性民德的影响感应等。

（2）史学家应否有一个一定的历史观，言人人殊。或谓史家宜虚怀若谷，以冷空的智慧，观察史实；不宜豫存一先入为主的历史观。此言殊未尽然，史实纷纭，浩如烟海，倘治史实者不有一个合理的历史观供其依据，那真是一部十七史，将从何处说起？必且治丝益棼，茫无头绪。而况历史观的构成，半由于学问智识的陶养，半由于其人的环境与气质的趋倾，无论何人，总于不知不觉之中，有他的历史观在那里存在。夫历史观乃解析史实的公分母，其于认事实的价值，寻绎其相互连锁的关系，施行大量的综合，实为必要的主观的要因。然则史学家而有一种历史观，其事非概可指斥，不过要提防着过于偏执的或误谬的历史观就是了。然则历史观果何由而成呢？这固然与其人的气质，癖性，所处的境遇，所遭的时势有关；而过去或当代的哲学思想，直接间接有以陶熔而感化他的力量，亦不在少。然则哲学实为可以指导史的研究、决定其一般倾向的历史观的一个主要的渊源。

（3）历史理论为寻得究竟的假设，与一般原理的阐明，不能不求助于历史哲学，有时尚不能不求助于一般哲学。

（4）史学研究法与一般论理学（含有认识论及一般方法论）或智识哲学有相关涉的地方。

2. 以哲学为主对于史学的关系

（1）哲学要亘人生界、自然界宇宙一切现象为统一的考察。历史事实既为人生现象，当然属于哲学考量的对象中而为其一部分。若于一哲学系统中，不列入历史事实，则其系统决非完全。

（2）哲学门中，人生哲学或历史哲学，特有关于历史事实。其研究虽与特殊科学的学科异其考察法，其性质亦不相同；然非以特殊科学的史学的研究为基础，适当的斟酌采取其结果，则其根据决不确固。

（3）凡于特殊科学的研究上所能得的一般的见解，常有含蓄哲学的要素或暗示哲学的思索者，其影响感应每能及于哲学。哲学固能对于特殊科学供给一般的原理及根本观念，特殊科学亦能供给哲学以某种观察的方法，思考的方法。这些方法，多足以启示其新进路。哲学由数学、物理学乃至生物学的发达进步所受的影响感化，盖不为少。史的研究（虽称为国家学、社会学的研究者，苟其性质为历史的，即以纳于史的研究中为当）的发达进步，亦有给新观察法、思考法于哲学的思索而助其进步的地方。

（4）某一国家某一时代的哲学，恒与其国家其时代的社会情状一般人文的形态有密切的关系。欲明此关系，正当的理解过去及现在的哲学系统的位置，与以适当的评判，以有一般历史的确实知识为必要。

（5）一个哲学家的思想，与其人的体质、人格、教育、环境及一般的经验均有关系。苟欲澈知其人思想的由来，必须就其人的气质、品性、家系、血统乃至亲缘、师友，一一加以考察。此等考察，即传记的研究，为史学上的研究之一种。其研究方法，须合于史学研究法一般的原理。

（6）哲学史即是历史的一种类。关于哲学思想的生成、发展的研究，其性质亦为一种历史的研究，而属于史学研究法所能应用的范围中。

综上所论，则知史学与哲学，实非漠不相关。二者于研究的性质上，有互相辅助的关系。

今为明了其关系起见，特为列表如下：

史学与哲学的关系

- 历史上的关系……史学对于哲学
  1. 史学亦以哲学为其研究的对象
  2. 史学家恒由哲学得来历史观
  3. 历史理论要求其究竟的假设一般原理的阐明于哲学
  4. 哲学研究与一般理论学或智识哲学有关涉
- 性质上的关系……哲学对于史学
  1. 历史事实属于哲学考量的对象中
  2. 人生哲学历史哲学尤须以史学研究的结果为基础
  3. 哲学可由历史的研究得来某种观察法与考量法
  4. 为明哲学与一般社会及人文状态的关系以一般历史的知识为必要
  5. 为知各哲学家的学说与其人物的经历的关系有施行传记的研究适用史学研究法的必要
  6. 哲学史的研究亦为一种历史的研究

史学与哲学在学问上的接触，实集中于两点：一为哲学史，一为历史哲学。

哲学史普通虽看作哲学的学科之一，同时亦可以说在史学的范围内。其所研究的对象，虽为哲学，而其观察法，则为历史的。由其研究的性质上言之，亦实为一种的历史，只以其所研究的对象与普通历史不同，故人们觉着他似与普通历史大异其趣。然欲研究哲学史，必先搜集史料，下一番选择批判的工夫，由是而确定事实（凡所表明的思想、所主倡的学说均包含之），综合之以明其生成发展的关系，其研究亦为一种史的研究，与他种历史上的研究大体上毫无差异。

哲学史的主要史料，当为学者的著书。凡关于著书的真伪，笔写校刊时所生的字句的变动，窜入，脱误，撰述的年代，地方，原因，动机，种种研究，皆与一般史料的研究同其性质，可以适用同一的研究法。

哲学史家欲一一考察哲学家的为人及其经历，欲知其与其所怀抱的哲学思想有何等的关系，须为传记的研究。当此时会，与普通作传记的研究的历史家立于同样的地位，作同样的工作。

一个哲学家考察一般文化的状态、社会的情境与哲学思想的关系，不止于研究哲学思想的本身，同时亦有就一般研究的问题行某程度、某范围的研究的必要。为应自己研究的特别目的，就一般历史上的某特别事项，不能得到精细确实的依据时，有时亦要自己下手，搜集根本史料，作一番新研究。这样看来，哲学史家同时要具哲学家、史学家的二种资格。

把哲学当作文化的一要素去看，哲学的历史当然为构成文化史的一部分者；由哲学与诸般科学的关系上去看，哲学的历史当然是学术史、思想史的主要部分。但哲学史不但可以包括于此等范围更广的历史中，即其本身亦固有可以独立的存在的理由。

历史哲学是由统一的见地而观察历史事实者，是依哲学的考察，就人生及为其产物的文化为根本的说明、深透的解释者。

在严密的意义上的历史哲学，不当视为属于一个特殊科学的史学，当视为构成哲学的一部分者。于科学的考察与哲学的考察间，当立区别，而防二者的混同，这固然不错；然欲截然分清，则亦势所难能。盖以二者关系的亲密，方有事于此科的研究，自然的易涉及于彼科的研究。

历史哲学一语，若于严正的意义用之，则为哲学组织的一部分，非能离于哲学系统而别自存在者，即非可属于一个特殊科学的史学范围内者；然于严正意义的历史科学（即历史理论），亦非能为哲学组织的一部分，非可存于哲学系统中，而当与记述历史等共包括于广义的史学内。从来习例，哲学一语，每致被人泛用；故于历史哲学，亦常有人以广义解之，漠然视为泛称关于历史事实的理论的考察者。如傅林特（Flint）所称的历史哲学，其概念即极其广泛。兹将其为历史哲学所下的定义，抄译于下：

The philosophy of history is not a something sepa-rated from the facts of history，but a something contained in them. The more a man gets into the meaning of them，the more he gets into it，and it into him；for it is simply the meaning，the rational interpretation，the knowledge of the true nature and essential relations of the facts.

历史哲学不是一些从历史事实分离出来的东西，乃是一些包蕴在历史事实里边的东西。一个人愈深入于历史事实的意义中，愈能深入于历史哲学中，即历史哲学愈能深喻于其理智；因为历史哲学纯是些历史事实的真实性质与根本关系之意义之合理的解释之智识而已。

有些史学家则谓历史哲学一语不宜泛用。夫既于自然科学外认心性及人事诸科学存在，而此心性及人事诸科学，纵令与哲学有极密切的关系；而以既已看作为离于严正的哲学而存在者以上，则为指示一个当属于人事科学的研究，而用哲学一语，终不妥当。关于历史事实的理论的研究，若为科学的，则不称之为历史哲学，而当以他名锡之，此说颇有道理。为划清学问的界范起见，似宜限定历史哲学的意义，使与历史科学分开，不相混合，以避误解。

哲学的考察与科学的考察，本来不同。哲学的考察，是就一切事物达到某统一的见地，由其见地观察诸般事物的本性及原则者；而科学的考察，则限于必要时，假定某原则定理，专本于特殊研究以说明某种特定事物的性质及理法者。二者之间既有区别，则于就历史事实的哲学的考察，即是历史哲学，与就历史事实的科学的考察，即是历史科学间，亦不可不加以区别。

严正的历史哲学与历史科学间的关系，恰如严正的自然哲学与物理学间的关系。翁特认自然哲学为其哲学系统的一部。此以哲学系统的一部而存在的自然哲学，与以一特殊科学而存在的物理学，自不能不异其趣。历史哲学与历史科学之关系亦然。从前亦有人用自然哲学一语为物理学的别名者，今则无之；而历史哲学与历史科学的界域不清，名辞互用，虽在今日，犹尚有然。

吾人于科学之外，还要哲学，还要攻究世界的原理就全体而与吾人以统一的智识关于一切事物为根本的说明之哲学。在哲学的完全组织中，基于世界的原理，由统一的见地，特就历史事实与以根本的说明之一部分，亦为不可缺者。故吾人于历史科学之外，承认为哲学组织的一部之历史哲学存在，承认二者不可偏废。研究历史哲学，是哲学家的责任；研究历史科学，是史学家的责任。然二者之间，固有极密切的关系，其互相辅助互相资益的地方甚多。历史哲学，有时要藉重历史科学研究的结果，利用其所供给的材料；历史科学，研究到根本问题的时候，亦要依据历史哲学所阐明的深奥高远的原理，以求其启发与指导。惟以于研究的性质，于考察的方法，有所差异的原故，不能不加以区别。

傅林特则谓科学与哲学二语互相代用亦无不可，于二者间严立界域，不惟不能，抑且不可；因为区别二者过严，则有泯视科学与哲学的亲密关系的顾虑。夫谓科学与哲学，不能截然分离，固亦未尝无相当的理由；然为研究的便利起见，而限定其性质与范围，似亦科学分类上之所许。

有一派哲学家，于哲学问题中特别看重智识的批评之问题。这一派人自然要认历史的智识的批评为历史哲学的主要问题。此事曩不为学者所注意，近始注意及之。这批评的论究，即智识学的论究，今后将日益精微，诚为最堪属望之一事；然若以历史哲学的任务，为专在论究历史的智识的批评，即形式的批评，此外更无其他应当研究的问题，则未免强历史哲学的广大范围以纳于狭小的局部，而没却其本来的领域，殆非通论。不错，这种形式的批评的论究，于实行历史哲学实质的建设的论究，亦诚为必要；其应该存在，亦为吾人所承认；但他只是历史哲学之准备的研究，入门的初步，不能说他就是历史哲学的全体。

历史哲学所当究论的问题，到底是些什么问题呢？大体言之，历史哲学所当究论的问题，应是些比在历史学上所究论的，更普遍，更渊深，更根本的问题。历史学与历史哲学间的差异，如果止于此点，人且疑为这仅是程度上的事；抑知二者之间，尚有更重要的性质上的差别在。原来科学之所穷，即哲学之所始。凡历史事实之非历史科学所能探究、所能解释的问题，都归历史哲学的领域。即凡历史事实之须从哲学的见地基于世界全体的原理以根本的说明其本性及原则者，都为历史哲学所当研究的问题。例如历史事实究竟的本性如何？历史事实的根本原则如何？历史事实或于各个或于全体究竟有如何的意义？这些问题，都是历史哲学领域内的问题。

史学是研究人生及其产物的文化的学问，哲学亦是研究人生根本问题的学问，二者原有密切的关系。吾人对于人生现象，有时只靠科学的说明，不能满足；则进而求之于哲学，以期得一比较普遍而根本的解决，这亦是自然的要求。例如由统一的见地去看人生果为如何者？于个人、于氏族、于国民、于民族乃至于人类的人生，各为构成全体的部分，果有特定的意义吗？果有特定的天职吗？人类的经历果有一个前定的轨道吗？宇宙间果有一个能预想的大意匠吗？人生果不能说是和作梦一样吗？所谓历史事实，吾人所认识的，果是真实的？还是幻妄的？人事的现象，果真有如吾人所认识的形式与内容吗？人事果然是受一定的主宰者的统制，遵着他的根本大法以为运行的呢？还是乱哄哄的瞎碰一气，漂流在那无计画无方向的运命的海里，“譬彼舟流不知所届”呢？一个人，一氏族，一国家，一民族，乃至全人类的荣枯，兴亡，盛衰，隆替，果然是命也如此，无可如何呢？还是祸福吉凶，惟人自召呢？茫茫人事，果于不识不知中，由某点进行向某点归宿吗？人生果有目的吗？历史果有目的吗？人事的纷纭变化，果然是依单纯原理的发展而表现出来的吗？所谓历史于世界的进步者，毕竟可认为有何价值有何意义而可理解吗？吾人纷纷扰扰的生活中，少一驰思于物外，凝想于心中，这些问题，必要自然的发生而不能遏止。骤见之虽似空漠无用，其实皆为关于人生最切要的问题，吾人亦安能忍而不思求一解释？关于此等问题的解答。宜先根据认识论上一般的考察，精察其何者为人智所终不能知，何者可试为推论思议到如何的程度。于其终非人智所及知者，则说明其所以不能为人智所及知的理，所谓“知之为知之，不知为不知，是知也”；于其可试为推论思议到某程度者，则进而为推论思议至于其所能几的程度。这正是哲学家的任务。此等关于历史事实的根本原理原则的研究，应归入历史哲学的范围。被历史哲学的名辞于此等问题的研究，最为稳当。此等属于哲学家范围内的研究，史学家固不必强为包揽，而哲学家则宜引为己任。至若史学家于就历史事实为科学的研究之余暇，亦欲试为历史哲学的研究；或以哲学名世之人，亦欲就历史事实试其科学的考证，皆为无妨，或且必要。不过为明学术分界以图是等研究的健全发展起见，不能不立历史学与历史哲学的区别而已。

丙、史学与社会学

史学与社会学有密切的关系，其理至明，无待赘论。现今所要论的，是历史学与社会学是否同物？倘非同物，其异点安在？既有了社会学，历史理论的一学科，还有没有成立的必要？设使历史学（即是历史理论）这一学科一旦完全成立，那与他性质最近的社会学，还有没有存在的必要？某学者说历史不是汇集过去所起的各种类的事件的东西，乃是人类社会的科学。近顷世人虽造出社会学一语，然此与Histoire实为同物。历史是研究社会事实的学问，所以就是社会学。虽然，吾人终认二者之间，有些不同，终以为不可认作全为同物。不错，社会学所研究的对象是社会，历史学所研究的对象亦是社会；社会学的起源，实亦起于历史上理论的考察，是由欲于历史寻出理法的动机自然发生出来的东西。桑西门是寻求理法于历史的一人，所以他又是一个社会学先驱者；孔德是寻求理法于历史的一人，所以他亦是一个社会学先驱者；韦柯亦然，但吾人不能以此而遂不认其间有相异的性质。历史学的目的，在考察人类社会生活的经历及其变革；而社会学乃在人类社会生活的结合及其组织。历史学是就人及人群的生活经历为理论的研究，以寻其理法者；社会学是就人群的共同生存的一切社会现象，为理论的研究，以寻其理法者。简明的说，历史学是把人类社会的生活纵起来研究的学问，社会学是把人类社会的生活横起来研究的学问。吾人若欲把人事现象充分的施行科学的研究，二者悉所必要。自其学问的性质上说，二者有相资相倚的关系，自不待言。

六　现代史学的研究及于人生态度的影响

凡是一种学问，或是一种知识，必于人生有用，才是真的学问，真的知识；否则不能说他是学问，或是知识。历史学是研究人类生活及其产物的文化的学问，自然与人生有密切的关系；史学既能成为一种学问，一种知识，自然亦要于人生有用才是。依我看来，现代史学的研究，及于人生态度的影响很大。第一，史学能陶炼吾人于科学的态度。所谓科学的态度，有二要点：一为尊疑，一为重据。史学家即以此二者为可宝贵的信条。凡遇一种材料，必要怀疑他，批评他，选择他，找他的确实的证据；有了确实的证据，然后对于此等事实方能置信；根据这确有证据的事实所编成的纪录，所说明的理法，才算比较的近于真理，比较的可信。凡学都所以求真，而历史为尤然。这种求真的态度，薰陶渐渍，深入于人的心性，则可造成一种认真的习性，凡事都要脚踏实地去作，不驰于空想，不骛于虚声，而惟以求真的态度作踏实的工夫。以此态度求学，则真理可明；以此态度作事，则功业可就。史学的影响于人生态度，其力有若此者。因此有一班学者，遂谓史学的研究日趋严重，是人类的精神渐即老成的征兆。在智力的少年时期，世界于他们是新奇的，是足以炫夺心目的，使他们不易起热烈的研究世界的过去的兴味。生活于他们是一个冒险，世界于他们是一个探险的所在，他们不很注意人间曾经作过的事物，却注意到那些将来人类所可作的事物。为的是奋兴他们，历史似应作成一个传奇小说的样子，以燃烧他们的想象；无须作成一个哲学的样子，以启悟他们的明慧。这样的奋往向前欢迎将来的少年精神，诚足以令人活跃，令人飞腾，然若只管活跃，只管飞腾，而不留心所据的场所，是否实地；则其将来的企图，都为空笔，都为梦想。本求迈远腾高，结局反困蹶于空虚的境界，而不能于实地进行一步。而在有训练与觉醒的老成的精神则不然，他们很知道世界给与吾人以机会的俄顷，必有些限制潜伏于此机会之下以与之俱。这些限制，吾人必须了喻，有时且必须屈服。所以他们很热心的去研究过去，解喻人生，以期获得一种哲学的明慧，去照澈人生经过的道路，以同情于人类所曾作过的事而致合理的生活于可能的境界。史学的研究，即所以扩大他们对于过去的同情，促进他们的合理的生活的。研究历史的趣味的盛行，是一个时代正在生长成熟、正在寻求聪明而且感奋的对于人生的大观的征兆。这种智力的老成，并于奋勇冒险的精神，不但未有以消阻，而且反有以增进，一样可以寻出一种新世界，供他们冒险的试验。立在过去的世界上，寻出来的新世界，是真的，实的，脚踏实地可以达到的；那梦想将来所见的新世界，是虚的，假的，只有在“乌托邦”、“无何有之乡”里可以描写的。过去一段的历史，恰如“时”在人生世界上建筑起来的一座高楼，里边一层一层的陈列着我们人类累代相传下来的家珍国宝。这一座高楼，只有生长成熟踏践实地的健足，才能拾级而升，把凡所经过的层级、所陈的珍宝，一览无遗；然后上临绝顶，登楼四望，无限的将来的远景，不尽的人生的大观，才能比较的眺望清楚。在这种光景中，可以认识出来人生前进的大路。我们登这过去的崇楼登的愈高，愈能把未来人生的光景及其道路，认识的愈清。无限的未来世界，只有在过去的崇楼顶上，才能看得清楚；无限的过去的崇楼，只有老成练达踏实奋进的健足，才能登得上去。一切过去，都是供我们利用的材料。我们的将来，是我们凭借过去的材料、现在的劳作创造出来的。这是现代史学给我们的科学的态度。这种科学的态度，造成我们脚踏实地的人生观。从前史学未发达的时代，人们只是在过去的纪录里去找历史，以为历史只是过去的事迹。现代的史学告我们以有生命的历史不是这些过去的纪录。有生命的历史，实是一个亘过去、现在、未来的全人类的生活。过去、现在、未来是一线贯下来的。这一线贯下来的时间里的历史的人生，是一趟过的，是一直向前进的，不容我们徘徊审顾的。历史的进路，纵然有时一盛一衰、一衰一盛的作螺旋状的运动，但此亦是循环着前进的，上升的，不是循环着停滞的，亦不是循环着逆返的、退落的，这样子给我们以一个进步的世界观。我们既认定世界是进步的，历史是进步的，我们在此进步的世界中、历史中，即不应该悲观，不应该拜古，只应该欢天喜地的在这只容一趟过的大路上向前行走，前途有我们的光明，将来有我们的黄金世界。这是现代史学给我们的乐天努进的人生观。旧历史观认历史是神造的，是天命的，天生圣人则世运昌明，天降鞠凶则丧乱无已。本着这种史观所编的历史，全把那皇帝王公侯伯世爵这等特权阶级放在神权保护之下，使一般人民对于所遭的丧乱，所受的艰难，是暴虐，是篡窃，是焚杀，是淫掠，不但不能反抗，抑且不敢怨恨，“臣罪当诛，天王明圣”，无论其所受的痛苦，惨酷到如何地步，亦只能感恩，只能颂德，只能发出“昊天不吊”的哀诉，“我生不辰”的悲吟而已。在这种历史中，所能找出来的，只是些上帝，皇天，圣人，王者，决找不到我们的自己。这种历史全把人们的个性，消泯于麻木不仁的状态中，只有老老实实的听人宰割而已。新历史观及本着新历史观编成的历史则不然，他教吾人以社会生活的动因，不在“赫赫”、“皇矣”的天神，不在“天亶”、“天纵”的圣哲，乃在社会的生存的本身。一个智识的发见，技术的发明，乃至把是等发见发明致之于实用，都是像我们一样的社会上的人人劳作的结果。这种生活技术的进步，变动了社会的全生活，改进了历史的阶段。这种历史观，导引我们在历史中发见了我们的世界，发见了我们的自己，使我们自觉我们自己的权威，知道过去的历史，就是我们这样的人人共同造出来的，现在乃至将来的历史，亦还是如此。即吾人浏览史乘，读到英雄豪杰为国家为民族舍身效命以为牺牲的地方，亦能认识出来这一班所谓英雄所谓豪杰的人物，并非有与常人有何殊异，只是他们感觉到这社会的要求敏锐些，想要满足这社会的要求的情绪热烈些，所以挺身而起为社会献身，在历史上留下可歌可哭的悲剧、壮剧。我们后世读史者不觉对之感奋兴起，自然而然的发生一种敬仰心，引起“有为者亦若是”的情绪，愿为社会先驱的决心亦于是乎油然而起了。这是由史学的研究引出来的舜人亦人感奋兴起的情绪。自然，随着史学研究的利益，亦有些弊害影响到我们心性上的。例如治史学的人，临事遇物，常好迟疑审顾，且往往为琐屑末节所拘，不能达观其大者远者，这不能不说是随着史学研究发生的弊害。但若稍窥哲学的门径，此等弊害，均能以哲学的通识达观药之，稍一注意，即能避免。吾信历史中有我们的人生，有我们的世界，有我们的自己，吾故以此小册为历史学作宣传，煽扬吾人对于历史学研究的兴趣，亦便是煽扬吾人向历史中寻找人生、寻找世界、寻找自己的兴趣。

附录

东西文明根本之异点①

东西文明有根本不同之点，即东洋文明主静，西洋文明主动是也。溯诸人类生活史，而求其原因，殆可谓为基于自然之影响。盖人类生活之演奏，实以欧罗细亚为舞台。欧罗细亚者，欧亚两大陆之总称也。欧罗细亚大陆之中央，有一凸地曰“棹地”（Table-land），此与东西文明之分派至有关系。因其地之山脉，不延于南北，而亘乎西东，足以障阻南北之交通。人类祖先之分布移动，乃以成二大系统：一为南道文明，一为北道文明。中国本部、日本、印度支那、马来半岛诸国、俾路麻、印度、阿富汗尼斯坦、俾尔齐斯坦、波斯、土尔基、埃及等，为南道文明之要路；蒙古、西伯利亚、俄罗斯、德意志、荷兰、比利时、丹麦、士坎迭拿威亚、英吉利、法兰

---

① 发表于《言治》季刊第三册，1918年7月1日出版，署名李大钊。

西、瑞西、西班牙、葡萄牙、意大利、奥大利亚、巴尔干半岛等，为北道文明之要路。南道文明者，东洋文明也；北道文明者，西洋文明也。南道得太阳之恩惠多，受自然之赐予厚，故其文明为与自然和解，与同类和解之文明。北道得太阳之恩惠少，受自然之赐予啬，故其文明为与自然奋斗、与同类奋斗之文明。一为自然的，一为人为的；一为安息的，一为战争的；一为消极的，一为积极的；一为依赖的，一为独立的；一为苟安的，一为突进的；一为因袭的，一为创造的；一为保守的，一为进步的；一为直觉的，一为理智的；一为空想的，一为体验的；一为艺术的，一为科学的；一为精神的，一为物质的；一为灵的，一为肉的；一为向天的，一为立地的；一为自然支配人间的，一为人间征服自然的。南道之民族，因自然之富，物产之丰，故其生计以农业为主，其民族为定住的；北道之民族，因自然之赐予甚乏，不能不转徙移动，故其生计以工商为主，其民族为移住的。惟其定住于一所也，故其家族繁衍；惟其移住各处也，故其家族简单。家族繁衍，故行家族主义；家族简单，故行个人主义。前者女子恒视男子为多，故有一夫多妻之风，而成贱女尊男之习；后者女子恒视男子为缺，故行一夫一妻之制，而严尊重女性之德。农业为主之民族，好培种植物；商业为主之民族，好畜养动物。故东人食物，以米蔬为主，以肉为辅；西人食物，以肉为主，以米蔬为辅：此饮食嗜好之不同也。东人衣则广幅博袖，履则缎鞋木履；西人衣则短幅窄袖，履则革履。东方舟则帆船，车则骡车、人力车；西方舟则轮船，车则马车、足蹈车、火车、电车、摩托车。东人写字则用毛笔砚池，直行工楷于柔纸；西人写字则用铅笔或钢笔，横行草书于硬纸。东人讲卫生，则在斗室静坐；西人讲体育，则在旷野运动。东人之日常生活，以静为本位，以动为例外；西人之日常生活，以动为本位，以静为例外。试观东人西人同时在驿候车，东人必觅坐静息，西人必来往梭行。此又起居什器之不同也。更以观于思想：东人持厌世主义（Pessimism），以为无论何物皆无竞争之价值，个性之生存，不甚重要；西人持乐天主义（Optimism），凡事皆依此精神，以求益为向上进化发展，确认人道能有进步，不问其究极目的为何，但信前事惟前进奋斗为首务。东人既以个性之生存为不甚重要，则事事一听之天命，是谓定命主义（Fatalism）；西人既信人道能有进步，则可事一本自力以为创造，是谓创化主义（Creativc Progressionism）。东人之哲学，为求凉哲学；西人之哲学，为求温哲学。求凉者必静，求温者必动。东方之圣人，是由生活中逃出，是由人间以向实在，而欲化人间为实在者也；西方之圣人，是向生活里杀来，是由实在以向人间，而欲化实在为人间者也。更以观于宗教：东方之宗教，是解脱之宗教；西方之宗教，是生活之宗教。东方教主告戒众生以由生活解脱之事实，其教义以清净寂灭为人生之究竟，寺院中之偶像，龛前之柳，池中之水，沈沈无声，皆足为寂灭之象征；西方教主于生活中寻出活泼泼地之生命，自位于众生之中央，示人以发见新生命、创造新生命之理，其教义以永生在天灵魂不灭为人生之究竟，教堂中之福音与祈祷，皆足以助人生之奋斗。更以观于伦理：东方亲子间之爱厚，西方亲子间之爱薄；东人以牺牲自己为人生之本务，西人以满足自己为人生之本务；故东方之道德在个性灭却之维持，西方之道德在个性解放之运动。更以观于政治：东方想望英雄，其结果为专制政治，有世袭之天子，有忠顺之百姓，政治现象毫无生机，几于死体，依一人之意思，遏制众人之愿望，使之顺从；西方依重国民，其结果为民主政治，有数年更迭之元首之代议士，有随民意以为进退之内阁，政治现象，刻刻流转，刻刻运行，随各个人之意向与要求，聚集各个势力以为发展。东人求治，在使政象静止，维持现状，形成一种死秩序，稍呈活动之观，则诋之以捣乱；西人求治，在使政象活泼，打破现状，演成一种活秩序，稍有沈滞之机，则摧之以革命。东方制定宪法，多取刚性，赋以偶像之权威，期于一成不变，致日新之真理，无缘以入于法；西方制定宪法，多取柔性，畀以调和之余地，期于与时俱化，俾已定之法度，随时可合于理。此东西文明差异之大较也。

东西民族因文明之不同，往往挟种族之偏见，以自高而卑人。近世政家学者，颇引为莫大之遗憾。平情论之，东西文明，互有长短，不宜妄为轩轾于其间。就东洋文明而论，其所短约有数端：① 厌世的人生观，不适于宇宙进化之理法；② 惰性太重；③ 不尊重个性之权威与势力；④ 阶级的精神视个人仅为一较大单位中不完全之部分，部分之生存价值全为单位所吞没；⑤ 对于妇人之轻侮；⑥ 同情心之缺乏；⑦ 神权之偏重；⑧ 专制主义之盛行。而其所长，则在使彼西人依是得有深透之观察，以窥见生活之神秘的原子，益觉沈静与安泰。因而起一反省，自问日在物质的机械的生活之中，纷忙竞争，创作发明，孜孜不倦，延人生于无限争夺之域，从而不暇思及人类灵魂之最深问题者，究竟为何？

东西文明之互争雄长，历史上之遗迹，已数见不鲜。将来二种文明，果常在冲突轧轹之中，抑有融会调和之日，或一种文明竟为其他所征服，此皆未决之问题。以余言之，宇宙大化之进行，全赖有二种之世界观，鼓驭而前，即静的与动的、保守与进步是也。东洋文明与西洋文明，实为世界进步之二大机轴，正如车之两轮、鸟之双翼，缺一不可。而此二大精神之自身，又必须时时调和、时时融会，以创造新生命，而演进于无疆。由今言之，东洋文明既衰颓于静止之中，而西洋文明又疲命于物质之下，为救世界之危机，非有第三新文明之崛起，不足以渡此危崖。俄罗斯之文明，诚足以当媒介东西之任，而东西文明真正之调和，则终非二种文明本身之觉醒，万不为功。所谓本身之觉醒者，即在东洋文明，宜竭力打破其静的世界观，以容纳西洋之动的世界观；在西洋文明，宜斟酌抑止其物质的生活，以容纳东洋之精神的生活而已。

印度开放而后，西洋思想已渐蒙东洋之影响，如叔本华（Schobenhauer）之厌世哲学，尼采（Nitzsche）之天才个性主义，皆几分染东洋思想之颜色。惟印度之交通不便，西人居印者少，而印人之视英人，只认为娴于政治艺术之巧练蛮人，以为论及修养，彼辈尚属幼稚，彼辈所汲汲以求者，东方人决之于心中也久矣。故东西文明之间，在印度不生密切之接触。逮于海通，西人航海来华者日众，东西思想之接触始渐密切，良以吾国气候之温和，海路之利捷，远非印度可比也。由是言之，对于东西文明之调和，吾人实负有至重之责任，当虚怀若谷以迎受彼动的文明，使之变形易质于静的文明之中，而别创一生面。一九一六年九月八日，美德加父教授（Professor

Maynard W.Metcalf）曾在奥伯林（Oberlin）为中国留美学生会演说《科学与现代文明》，论及中国之将来，有日设有一民族于世界最终之民族中，能占一大部者，其惟中国人乎？其数量之众，忍苦之强，衍殖之繁，爱重平和之切，人格品性之坚，智力之优，与夫应其最高道德观念之能力，皆足以证其民族至少亦为最终民族中之要素。但彼等究与启发未来最终民族生息于其下之文明型式，以若何之影响乎？中国其将于智于德有所贡献于世界，亦如其于数量乎？此殆全视彼善导其发育于今方环接之新境遇下之成功何如耳。中国于人类进步，已尝有伟大之贡献。其古代文明，扩延及于高丽，乃至日本，影响于人类者甚大。今犹能卷土重来，以为第二次之大贡献于世界之进步乎？世间固尚未有一国民能于世界之进步为第二次伟大之贡献者，埃及、阿西利亚、佛尼西亚、希腊、罗马、亚拉比亚、波斯，皆曾达于极盛之域，而遂衰亡不复振。独意大利之文艺复兴，为显著之例外，然亦非旧罗马之复活。逮其纯为新民族之日，固不知有几多异族之血，混入古意大利人之族系也。犹忆三十年前，加潘特（Edward Carpenter）曾为文以论《文明之起原及其救济》，甚有趣味。文中指陈曾经极盛时代民族中，文明疾病之径路，谓此等文明之疾病，大抵皆有其相同之预兆时期，寖假而达于炎热最高之度，寖假而贻其民族以永世削弱之运焉。世界史中，尚未见有回春复活之民族，重为世界之强国也。

中国文明之疾病，已达炎热最高之度，中国民族之运命，已臻奄奄垂死之期，此实无容讳言。中国民族今后之问题，实为复活与否之问题，亦为吾人所肯认。顾吾人深信吾民族可以复活，可以于世界文明为第二次之大贡献。然知吾人苟欲有所努力以达此志的者，其事非他，即在竭力以受西洋文明之特长，以济吾静止文明之穷，而立东西文明调和之基础。

今日立于东洋文明之地位观之，吾人之静的文明，精神的生活，已处于屈败之势。彼西洋之动的文明，物质的生活，虽就其自身之重累而言，不无趋于自杀之倾向，而以临于吾侪，则实居优越之域。吾侪日常生活中之一举一动，几莫能逃其范围，而实际上亦深感其需要，愿享其利便。例如火车轮船之不能不乘，电灯电话之不能不用，个性自由之不能不要求，代议政治之不能不采行。凡此种种，要足以证吾人生活之领域，确为动的文明物质的生活之潮流所延注，其势滔滔，殆不可遏。而一察其现象，则又扞格矛盾之观，到眼都是。最近所发生之社会现象，如飞虹、普济、江宽等轮之冲沉也，某处火车之遇险也，某处电灯之失慎也，此类事实，若一一叩其原因，固各不一致，而且甚复杂。就生活现象，以为大量之批评，则皆足引为吾人不适于动的文明物质的生活之证据。其他大至政制，微至衣履，西人用之则精神焕发，利便甚溥，而一入于吾人之手，著于吾人之身，则怪象百出，局促弗安，总呈不相配称之观。盖尝推原其故，以为以静的精神，享用动的物质、制度、器械等等，此种现象必不能免，苟不将静止的精神，根本扫荡，或将物质的生活，一切屏绝，长此沈延，在此矛盾现象中以为生活，其结果必蹈于自杀。盖以半死带活之人，驾飞行艇，使发昏带醉之徒，御摩托车，人固死于艇车之下，艇车亦毁于其人之手。以英雄政治、贤人政治之理想，施行民主政治；以肃静无哗、唯诺一致之心理，希望代议政治；以万世一系、一成不变之观念，运用自由宪法；其国之政治，固以杌陧（陧）不宁，此种政制之妙用，亦必毁于若而国中。总之，守静的态度，持静的观念，以临动的生活，必至人身与器物，国家与制度，都归粉碎。世间最可恐怖之事，莫过于斯矣。

余既言之，物质的生活，今日万不能屏绝勿用。则吾人之所以除此矛盾者，亦惟以彻底之觉悟，将从来之静止的观念、怠惰的态度，根本扫荡，期与彼西洋之动的世界观相接近，与物质的生活相适应。然在动的生活中，欲改易一新观念，创造一新生活，其事较易；在静的生活中，欲根本改变其世界观，使适于动的生活，其事乃至难，从而所需之努力亦至大，吾人不可不以强毅之气力赴之。

奇普陵（Kipling）之诗曰：

Oh，East is East and West is West，And never the Twain shall meet，Till Earth and Sky stand presently At God ‘s great judgment Seat；But there is neither East nor West，Border，nor Breed nor Birth，When two strong men stand face to face Tho’ they come from the ends of the Earth.

译其大旨，即谓除非天与地，立于上帝最高裁判之席前，东终是东，西终是西，绝无相遇之期。但有二伟人焉，虽来自地球之两极，相对而立，则无东西畛域之见，种族血系之分也。吾青年乎，其各以two strong men中之一人自命，竭力划除种族根性之偏执，启发科学的精神以索真理，奋其勇气以从事于动性之技艺与产业。此种技艺与产业，足致吾人之日常生活与实验之科学相接近。如斯行之不息，科学之演试必能日臻于纯熟，科学之精神必能沦浃于灵智。此种精神，即动的精神，即进步的精神。一切事物，无论其于遗袭之习惯若何神圣，不惮加以验察而寻其真，彼能自示其优良者，即直取之以施于用。时时创造，时时扩张，以期尽吾民族对于改造世界文明之第二次贡献。

本篇所用参考书报：

① 茅原华山著：《人间生活史》。

② Reinsch著：*World politics*，*chapter* Ⅲ.

③ Jenks著：*Principles of politics*， page 32.

④ *The scientific monthly*，Vol.4，no.5.中所载Professor Maynard M. Metcalf著：*Science and Modern Civilization.*

⑤《新青年》第一卷第四号独秀著《东西民族根本思想之差异》。

* * *

愚文既已付印，偶于《东方》第十五卷第六号，见有《中西文明之评判》一文，译自日本《东亚之光》。其首段曰："有中国人胡某者，于开战前后在德国刊行德文之著作二种：一名《中国对于欧洲思想之辩护》，为开战前所刊；一名《中国国民之精神与战争之血路》，为开战后所刊者。"

欧美人对于东洋民族多以为劣等国民，偶或见其长处则直惊以为黄祸，其真倾耳于东洋人之言论者极少。有时对于东洋人之言论呈赞词者，多出于一时之好奇心，或属于外交辞令而已。

然此次战争，使欧洲文明之权威大生疑念。欧人自己亦对于其文明之真价不得不加以反省，因而对于他人之批评虚心坦怀以倾听之者亦较多。胡某之著作，在平时未必有人过问，而此时却引起相当之反响，为赞否种种议论之的。……次乃介绍德人对于辜氏著作之意见，赞成之者则有台里乌司氏及普鲁克陀尔福女士，反对之者则有弗兰士氏。其中所论颇足供愚文之参证，为幅帙所限，未能迻录，读者可取《东方》阅之。往者愚在日京，曾于秋桐先生《说宪》[①]文中，知辜鸿铭氏有《春秋大义》[②]之作，嗣以激于一种好奇之心理，尝取辜氏之书略为披阅，虽读之未暇终篇，但就其卷头之纲目导言之大旨观之，已足窥其概要。彼谓“西洋之教人为善，不畏之以上帝，则畏之以法律。离斯二者，虽兄弟比邻不能安处也。逮夫憎侣日多，食之者众，民不堪其重负。遂因三十年之战，倾覆僧侣之势力，而以法律代上帝之权威。于是继僧侣而兴者，则为军警焉。军警之坐食累民，其害且过于僧侣，结果又以酿成今日之战。经此大战之后，欧人必谋所以弃此军警，亦如昔之屏弃僧侣者然。顾屏弃军警之后，其所赖以维持人间之平和秩序者，将复迎前曾屏弃之僧侣乎？抑将更事他求乎？为欧人

① 见《甲寅》第八期。——作者原注

② *The Spiril of Chinese*.——作者原注

计，惟有欢迎吾中国人之精神，惟有欢迎孔子之道。”是篇所举胡氏之说与辜氏之说，若合符节。胡氏疑即辜氏之误，辜字译音颇与胡近。其书既以英文出版于北京，复以德文出版于柏林，日人展转迻译，致讹为胡，国人不察，亦以胡某受之。愚以为中国二千五百余年文化所钟，出一辜鸿铭先生，已足以扬眉吐气于二十世纪之世界。一之为奇，宁复有偶？必为辜氏之讹无疑。

愚读欧人对于辜说之评判，不禁起数种感想：第一，国人对于现代西洋最有价值之学说，恒扞格不相入，诋排之惟恐不及，而我以最无价值之梦话，一入彼欧人之耳，彼皆以诚恳之意迎之。或则以促其自反，或则以坚其自信，虽见仁见智各不相同，要皆能虚心坦怀为他山之助；以视胶执己见、夜郎自大之吾人，度量相越之远，有非可以道里计者。故吾人对于欧人之注意辜说，惟当引以自愧，切不可视为“惊动欧人之名论”以自荣。第二，西洋文明之是否偏于物质主义，宜否取东洋之理想主义以相调剂？此属别一问题。时至今日，吾人所当努力者，惟在如何以吸收西洋文明之长，以济吾东洋文明之穷。断不许以义和团的思想，欲以吾陈死寂灭之气象腐化世界（例如以不洁之癖为中国人重精神不重物质之证；则吸食鸦片之癖，亦何不可数为相同之例？是非欲腐化世界而何）。断不许舍己芸人，但指摘西洋物质文明之疲穷，不自反东洋精神文明之颓废。第三，希望吾青年学者，出全力以研究西洋之文明，以迎受西洋之学说。同时，将吾东洋文明之较与近世精神接近者介绍之于欧人，期与东西文明之调和有所裨助，以尽对于世界文明二次之贡献，勿令欧人认此陈腐固陋之谈为中国人之代表。第四，台里乌司氏谓“人虽有采用新税制、新制服者，而无轻易采用新世界观者”，斯言诚不尽妄。但愚以为于吾东方静的世界观，若不加以最大之努力，使之与动的世界观接近，则其采用种种动的新制度、新服器，必至怪象百出，不见其利，只见其害。然此非可轻易能奏功效者，亦属事实。当于日常生活中习练薰陶之，始能渐渍濡染，易静的生活为动的生活。取法乎上仅得其中，吾人即于日常生活中常悬一动的精神为准则，其结果犹不能完全变易其执性之静止，倘复偏执而保守之，则活动之气质将永不见于吾人之身心，久且必归于腐亡。

*　　　　*　　　　*

愚顷又见早稻田大学教授北聆吉氏曾作《论东西文化之融合》一文（载于《东方时论》第三卷第六号），中多透辟之语。兹节译数段，供参证焉。

“……西洋之文化，为求精神之自由，先倾其全力以利用自然，征服自然。欧人对于自然，不能漠不关心。纯取观望之态度，不能融合其自我于自然之中，以与自然共相游乐。其视自然为自我发展之凭基，非自我产生之嫡母。自然者，可以克服之障碍也。菲西的谓对象即抵抗，实足为欧人自然观之纲领。彼等所以不即其本然之体以观察自然，而必分析之以求发见其构成之要素与轨范要素结合之法则者，乃欲如斯以为人类再建自然。其科学的文明，皆因其要求主张自我克服自然而产出。倍根尝谓为‘知识之力’。盖欧人之科学，即使彼等制御自然之力也。

“然东洋诸民族，关于此点，其努力则与欧美人异。同是东洋民族，其间固亦有相异之点。而自大体言之，则凡东洋诸民族，皆有一共同与西洋民族不同之所，即其不欲制御自然，征服自然，而欲与自然融合，与自然游乐是也。彼等不言人则与天则对立，宁依天则以演绎人则。东洋人一般之宿命观，以从天命为道德之能事，足为彼等如何视自然为强权之实证。东洋人与其欲制御自然以获精神之自由，宁欲使精神之要求服从自然，于此觅一安心之境地。故彼等对于自然，不加解剖，不加分析，但即其本然之体观察之而已。

“东西文化之差别，可云一为积极的，一为消极的。此殆基于二者使现实生活彻底之意力之强弱。欧美人使现实生活彻底之欲望盛，故向利用或征服于其生活必要之自然之途以进。东洋人之于现实生活，不视为绝对，故使之彻底之努力缺乏。东西对于自然之差异，无论其基于何种理由，究于二者之间，生出思想与生活种种之不同。西洋人在与自然奋战之间，养成一种猛烈之生活意志。初哉首基，即利用此种生活意志，以使其他劣弱诸民族为之属隶，更为此目的利用其独占之科学知识。东洋人常以求得最大之满足于其被与之境遇为能事，故于本民族中认不法阶级之存在，即认异族为政治统治者，亦甘受之而帖服。西洋人在与自然奋战中所养成之自我观念，与人间中心之思想，构成一种价值哲学，设便于自己之标准，评量一切价值，不仅于现世以自己为中心，即于来世亦主张个性价值之保存。

“希腊人受地理之影响，本为极端个人主义之信者。以智慧、勇气、正义、节制为四德，而慈悲仁爱在东洋思想认为一切道德之首者，则反屏之于道德范畴之外。今日之西洋人，合此希腊人之个人主义与希腊教灵魂不灭之教义，而成个性价值保存之哲学，从而西洋人缺真实大我之哲学。顾在东洋，儒教则求修养最终之标的于天，佛教则求之于涅槃，以成大我无我之哲学。宁以打破个人主义与人间本位之价值哲学，始足认为备哲人之风格。老庄荆楚之学，于此点最为彻底。……

“自然之制服，境遇之改造，为西洋人努力所向之方向；与自然融合，对于所与境遇之满足，为东洋人优游之境地。此二者皆为人间文化意志所向之标的，吾人于斯二者均不可蔑视。若徒埋头于自然之制服，境遇之改造，而忘却吾人对于内的生活之反省，则吾人之生活必归于空虚。故今世大哲，若柏格森，则谓今日普鲁士人之生活，几全埋头于生产之事，于军事与产业方占胜利之际，诗与哲学，益趋退化，以为警告矣。若倭铿，则以内的文明与外的文明、诗与产业之两立为理想，昌言今日人本主义的文明一面征服自然，一面有使自己灵性归于空虚之恐矣。……

“彼欧美人今既于征服自然之中渐丧其自己之灵性，而东洋人则何如者？彼等既不求若何以征服自然、利用自然，故其与自然融合一致之精神，不过仅为少数人所能知，自馀之大多数，殆为自然所征服。东洋圣哲，自觉‘破于此处成于彼处’之大自在，故现实生活之成败，多不足以恼其心神。其大多数对于人生真义毫不理解，为自然所征服，又为利用自然者所驱使，以度最悲惨之生活。故于产生老庄解脱哲学之支那，造成多数如豚之苦力。于产生释尊宗教之印度，其生民不苦于疾疫，则厄于饥馑，今且被佣为兵，在西部战场为英国人效死。然则无征服自然之能力，甘居于被与之境遇之东洋民族，将有莫大之危险从其生活以俱至。此为吾人所不可不记取者。

“于是乃生欧罗巴的文化与亚细亚的文化之补救乃至融合之必要矣。吾人为自己精神的自由，一面努力于境遇之制服与改造，一面亦须注意于境遇之制服与改造不可无一定之限制，而努力于自己精神之修养。单向前者以为努力，则人类将成为一劳动机械；仅以后者为能事，则亦不能自立于生存竞争之场中。必兼斯二者，真正人间的生活始放其光辉。而欲为此，非能将一切反对之要素摄取而统一之民族不可。世间固有之文化，大抵因其民族之特质与其被置之境遇，多少皆有所偏局。必有民族焉，必于是等文化不认其中之一为绝对，悉摄容之而与以一定之位置与关系，始有产出将来新文化之资格。若而民族，于欧则有德意志，于亚则有日本。德人之天才，不在能别创新文化之要素，而在能综合从来之一切文化的要素；日本人之天才，亦正在此处。……梅烈鸠阔佛士基论欧罗巴的精神与亚细亚的精神曰：‘渐向下沈之西方之光，地之真人之真也；渐向高升之东方之光，天之真神之真也。西方之光，非必较东方之光为小，唯此二种之光、二种之真相结合，始与真昼之光，始与神人之光。’”今且引述其言以终吾文矣。

按：此篇所论，颇多特见。而其主张东西文明之须相调剂，亦与愚论无违。惟其谓具调和东西文明之资格者，于欧则有德国，于亚则有日本，此则全为日人“我田引水”之谈，与其崇拜德国文明过度之过。固执文明特质之民族，固不易与反对之文明言调和，而能综合异派文明兼容并收之民族，固于异派文明之调和易与介绍疏通之助，愚亦非敢概为否认。但愚确信东西文明调和之大业，必至二种文明本身各有澈底之觉悟，而以异派之所长补本身之所短，世界新文明始有焕扬光采、发育完成之一日。即介绍疏通之责，亦断断非一二专事模仿之民族所能尽。愚惟希望为亚洲文化中心之吾民族，对于此等世界的责任，有所觉悟、有所努力而已。

唯物史观在现代史学上的价值[①]

"唯物史观"是社会学上的一种法则，是karl Marx和Friedrich Engels一八四八年在他们合著的《共产党宣言》里所发见的。后来有四种名称，在学者间通用，都是指此法则的，即是：①"历史之唯物的概念"（"The Materialistic Con-ception of History"），②"历史的唯物主义"（"Historical Ma-terialism"），③"历史之经济的解释"（"The Economic Inter-pretation of History"）及④"经济的决定论"（"Economic Determinism"）。在①、② 两辞，泛称物质，殊与此说的真相不甚相符，因为此说只是历史之经济的解释，若以"物质"或"唯物"称之，则是凡基于物质的原因的

① 发表于《新青年》第八卷第四号，1920年12月1日出版，署名李大钊。此文和李大钊1923年至1924年所编写的《史学思想史讲义》中《唯物史观在现代史学上的价值》文字略有不同。

变动，均应包括在内，例如历史上生物的考察，乃至因风土、气候、一时一地的动植物的影响所生的社会变动，均应论及了。第④ 一辞，在法兰西颇流行，以有倾于定命论宿命论之嫌，恐怕很有流弊。比较起来，还是“经济史观”一辞妥当些。Seligman曾有此主张，我亦认为合理，只以“唯物史观”一语，年来在论坛上流用较熟，故且仍之不易。

科学界过重分类的结果，几乎忘却他们只是一个全体的部分而轻视他们相互间的关系，这种弊象，是露已久了。近来思想界才发生一种新倾向：研究各种科学，与其重在区分，毋宁重在关系；说明形成各种科学基础的社会制度，与其为解析的观察，不如为综合的观察。这种方法，可以应用于现在的事实，亦可以同样应用于过去的纪录。唯物史观，就是应这种新倾向而发生的，从前把历史认作只是过去的政治，把政治的内容亦只解作宪法的和外交的关系。这种的历史观，只能看出一部分的真理而未能窥其全体。按着思想界的新倾向去观察，人类的历史，乃是人在社会上的历史，亦就是人类的社会生活史。人类的社会生活，是种种互有关联、互与影响的活动，故人类的历史，应该是包含一切社会生活现象，广大的活动。政治的历史，不过是这个广大的活动的一方面，是社会生活的一部分，不是社会生活的全体。以政治概括社会生活，乃是以一部分概括全体，陷于很大的误谬了。于此所发生的问题，就是在这互有关联、互与影响的社会生活里，那社会进展的根本原因究竟何在？人类思想上和人类生活上大变动的理由究竟为何？唯物史观解答这个问题，则谓人的生存，全靠他维持自己的能力，所以经济的生活，是一切生活的根本条件。因为人类的生活，是人在社会的生活，故个人的生存总在社会的构造组织以内进动而受他的限制，维持生存的条件之于个人，与生产和消费之于社会是同类的关系。在社会构造内限制社会阶级和社会生活各种表现的变化，最后的原因，实是经济的。此种学说，发源于德，次及于意、俄、英、法等国。

唯物史观的名称意义，已如上述。现在要论他在史学上的价值了。研究历史的重要用处，就在训练学者的判断力，并令他得着凭以为判断的事实。成绩的良否，全靠所论的事实确实与否和那所用的解释法适当与否。十八世纪和十九世纪前半期的历史学者，研究历史原因的问题的人很少。他们多以为历史家的职分，不外叙述些政治上、外交上的史实，那以伟人说或时代天才说解释这些史实的，还算是深一层的研究。Lessing在他的《人类教育论》与Herder在他的《历史哲学概论》里所论述的，都过受神学观念的支配，很与思想界的新运动以阻力。像Herder这样的人，他在德国与Ferguson在苏格兰一样，可以说是近代人类学研究的先驱；他的思想，犹且如此，其他更可知了。康德在他的《通史概论》里，早已窥见关于社会进化的近代学说，是Huxley与许多德国学者所公认的，然亦不能由当时的神学思想完全解放出来，而直为严正的科学的批评。到了Hegel的《历史哲学》，达于历史的唯心的解释的极点，但是Hegel派的“历史精神”观，于一般领会上究嫌过于暧昧，过于空虚。

有些主张宗教是进化的关键的人，用思想感情等名词解释历史的发长，这可以说是历史的宗教的解释。固然犹太教、儒教、回教、佛教、耶教等五大宗教的教义，曾与于人类进步以很深的影响，亦是不可争的事实。但是这种解释，未曾注意到与其把宗教看作原因，不如把他看作结果的道理，并且未曾研究同一宗教的保存何以常与他的信徒的环境上、性质上急遽的变动相适合的道理。这历史的宗教的解释，就是Beniamin Kidd的修正学说，亦只有很少的信徒。

此外还有历史的政治的解释。其说可以溯源于Aristotle，有些公法学者右之。此派主张通全历史可以看出由君主制到贵族制、由贵族制到民主制的一定的运动，在理想上，在制度上，都有个由专制到自由之不断的进步。但是有许多哲学家，并Aristotle 亦包在内，指出民主制有时亦弄到专制的地步，而且政治的变动，不是初级的现象，乃是次级的现象，拿那个本身是一结果的东西当作普遍的原因，仿佛是把车放在马前一样的倒置。

这些唯心的解释的企图，都一一的失败了，于是不得不另辟一条新路。这就是历史的唯物的解释。这种历史的解释方法不求其原因于心的势力，而求之于物的势力，因为心的变动常是为物的环境所支配。

综观以上所举历史的解释方法，新旧之间截然不同。因历史事实的解释方法不同，从而历史的实质亦不同，从而及于读者的影响亦大不同。从前的历史，专记述王公世爵纪功耀武的事。史家的职分，就在买此辈权势阶级的欢心，好一点的，亦只在夸耀自国的尊荣。凡他所纪的事实，都是适合此等目的的，否则屏而不载；而解释此类事实，则全用神学的方法。此辈史家把所有表现于历史中特权阶级的全名表，都置于超自然的权力保护之下。所纪载于历史的事变，无论是焚杀，是淫掠，是奸谋，是篡窃，都要归之于天命，夸之以神武，使读者认定无论他所遭逢的境遇如何艰难，都是命运的关系。只有祈祷天帝，希望将来，是慰藉目前痛苦的唯一方法。

这种历史及于人类精神的影响，就是把个人的道德的势力，全弄到麻木不仁的状态。既已认定境遇的艰苦，都是天命所确定的，都是超越自己所能辖治的范围以外的势力所左右的，那么以自己的努力企图自救，便是至极愚妄的事，只有出于忍受的一途。对于现存的秩序，不发生疑问，设若发生疑问，不但丧失了他现在的平安，并且丧失了他将来的快乐。他不但要服从，还要祈祷，还在杀他的人的手上接吻。这个样子，那些永据高位握有权势的人，才能平平安安的常享特殊的权利，并且有增加这些权利的机会，而一般人民，将永沉在物质道德的卑屈地位。这种史书，简直是权势阶级愚民的器具，用此可使一般人民老老实实的听他们掠夺。

唯物史观所取的方法，则全不同。他的目的，是为得到全部的真实。其及于人类精神的影响，亦全与用学神〔神学〕的方法所得的结果相反。这不是一种供权势阶级愚民的器具，乃是一种社会进化的研究。而社会一语，包含着全体人民，并他们获得生活的利便，与他们的制度和理想。这与特别事变、特别人物没有什么关系。一个个人，除去他与全体人民的关系以外，全不重要；就是此时，亦是全体人民是要紧的，他不过是附随的。生长与活动，只能在人民本身的性质中去寻，决不在他们以外的什么势力。最要紧的，是要寻出那个民族的人依以为生的方法，因为所有别的进步，都靠着那个民族生产衣食方法的进步与变动。

斯时人才看出他所生存的境遇，是基于能时变动而且时时变动的原因；斯时人才看出那些变动，都是新知识施于实用的结果，就是由像他自己一样的普通人所创造的新发明新发见的结果，这种观念给了很多的希望与勇气在他的身上；斯时人才看出一切进步只能由联合以图进步的人民造成，他于是才自觉他自己的权威，他自己在社会上的位置，而取一种新态度。从前他不过是一个被动的、否定的生物，他的生活虽是一个忍耐的试验品，于什么人亦没有用处。现在他变成一个活泼而积极的分子了，他愿意知道关于生活的事实，什么是生活事实的意义，这些生活事实给进步以什么机会，他愿意把他的肩头放在活轮前，推之提之使之直前进动。这个观念，可以把他造成一个属于他自己的人，他才起首在生活中得了满足而能于社会有用。但是一个人生在思想感情都锢桎于古代神学的习惯的时代，要想思得个生活的新了解，那是万万不可能；青年男女，在这种教训之下，全麻痹了他们的意志，万不能发育实成。

这样看来，旧历史的方法与新历史的方法绝对相反：一则寻社会情状的原因于社会本身以外，把人当作一只无帆、无楫、无罗盘针的弃舟，漂流于茫茫无涯的荒海中，一则于人类本身的性质内求达到较善的社会情状的推进力与指导力；一则给人以怯懦无能的人生观，一则给人以奋发有为的人生观。这全因为一则看社会上的一切活动与变迁全为天意所存，一则看社会上的一切活动和变迁全为人力所造，这种人类本身具有的动力可以在人类的需要中和那赖以满足需要的方法中认识出来。

有人说社会的进步，是基于人类的感情。此说乍看，似与社会的进步是基于生产程叙（序）的变动的说相冲突，其实不然。因为除了需要的意识和满足需要的娱快，再没有感情，而生产程叙（序）之所以立，那是为满足构成人类感情的需要。感情的意识与满足感情需要的方法施用，只是在同联环中的不同步数罢了。

有些人误解了唯物史观，以为社会的进步只靠物质上自然的变动，勿须人类的活动，而坐待新境遇的到来。因而一般批评唯物史观的人，亦有以此为口实，便说这种定命（听命由天）的人生观，是唯物史观给下恶影响。这都是大错特错，唯物史观及于人生的影响乃适居其反。

旧历史的纂著和他的教训的虚伪既是那样荒陋，并且那样明显，而于文化上又那样无力，除了少数在神学校的，几乎没有几多教授再作这种陈腐而且陋劣的事业了。晚近以来，高等教育机关里的史学教授，几无人不被唯物史观的影响，而热心创造一种社会的新生。只有出之学校的初级史学教员，尚未觉察到这样程度的变动，因为在那里的教训，全为成见与习惯所拘束，那些教员又没有那样卓越的天才，足以激励他们文化进步上的自高心，而现今的公立学校又过受政治和教科书事务局的限制。

唯物史观在史学上的价值，既这样的重大，而于人生上所被的影响，又这样的紧要，我们不可不明白他的真意义，用以得一种新人生的了解。我们要晓得一切过去的历史，都是靠我们本身具有的人力创造出来的，不是那个伟人圣人给我们造的，亦不是上帝赐予我们。将来的历史，亦还是如此。现在已是我们世界的平民的时代了，我们应该自觉我们的势力，快赶联合起来，应我们生活上的需要，创造一种世界的平民的新历史。

今与古①

宇宙的运命，人间的历史，都可以看作无始无终的大实在的瀑流，不断的奔驰，不断的流转，过去的一往不还，未来的万劫不已。于是，时有今古，人有今古，乃至文学、诗歌、科学、艺术、礼、俗、政、教，都有今古。今古的质态既殊，今古的争论遂起。

有一派人，对于现在的一切现象都不满足，觉得现今的境象，都是黑暗、堕落、恶浊、卑污，一切今的，都是恶的，一切古的，都是好的，政治、法律、道德、风俗、诗歌、文学等等，全是今不如古。他们往往发伤时的慨叹，动怀古的幽情，说些“世道日衰”、“人心不古”的话，遐想无怀、

① 发表于北京大学《社会科学季刊》第一卷第二号，1923年2月12日出版，署名李大钊。此文与李大钊1923年至1924年所著《史学思想史讲义》中《今与古》文字略有不同。

葛天、黄、农、虞、夏的黄金时代的景象，把终生的情感心神，都用在对过去的怀思。这一派人可以叫作怀古派。

又有一派人，对于现在及将来抱乐观的希望，以为过去的成功，都流注于现在，古人的劳绩，都遗赠于后人。无限的古代，都以现今为归宿，无限的将来，都以现今为胚胎。人类的知识，随着时代的发展，不断的扩大，不断的增加，一切今的，都胜于古的，优于古的，即如诗歌艺术，今人所作，亦并不劣于古人，所谓无怀、葛天、黄、农、虞、夏，不过是些浅化初开的时代，并不那样值得我们的怀思与景仰，我们惟有讴歌现代，颂祷今人，以今世为未来新时代的基础，而以乐天的精神，尽其承受古人、启发来者的责任。这一派人可以叫作崇今派。

崇今派与怀古派间，往往发生激烈的论战。欧洲当十七世纪顷，关于今古优劣的比较，亦曾引起文学上的战争，此争绵亘约百年间，在法如是，在英亦如是。

今古的激战，于文学（特别是诗歌）为最烈，又最易引起公众热烈的兴趣。长于此等论战的人，又将其范围推广至于知识。许多人以今古的争论，为文学史上的枝节问题。首先以此等论争，为有更广的关系，而唤起人们的注意者，厥为孔德（August Comte）。

今古的争论，在思想上实有相当的意义，这是对于文艺复兴的衡轭一部分的反抗。崇今派立于攻击者的地位，想令批评主义由死人的权威解放出来。他们争论到一个很重要的问题，这个问题就是：现今的人犹能与显烈的古人抗衡否，抑或在智力上实劣于古人？这还包含着更大的问题，就是：自然已否竭尽其力？他是否久已不能再生脑力与元气等于他曾经产生的人们了？人性是否已经疲竭，抑或他的势力是否永存而不尽？

崇今派的战士，主张自然的势力永远存在，直接反对人类退落说，此说所以不能见信于人。崇今派的贡献独多，知识上的进步说获有一个最初的明确论证，实为今古的争论所唤起的结果。

今古的激战，虽自十七世纪初叶开幕，而在十六世纪末叶，已有一位崇今派的战士，首先跃起作崇今派的先驱。其人为谁？即鲍丹（Jean Bodin）是。

鲍丹学说的重要，不在他的君政论，而在他企图立一普遍历史的新学说，以代中世时史学界流行的黄金时代说（Theory of Golden Age）。主张黄金时代说者，大抵以为古代有一个黄金时代，化美俗良，德福并茂，真是人间的天国；后来日渐堕落，由金时代降而为银时代，而铜，而铁；这就是说“世道人心江河日下”了。此说盛行于欧土中世神学者流，鲍丹独起而否认之。鲍丹认自然永是均一，拟想自然能在一时代产出黄金时代说所指的那个人那个境遇，在别一时代便不能产生他们，是不合理的。换句话说，鲍丹确认自然动力永在与不灭的原则，以为在一时代所能产生的人或境遇，在别一时代亦能产生。从人类的原始时代以后，人间的光景有很大的变动，设使他们之所谓黄金时代可以召唤回来，而与现今一为比较，现今反倒是金，他反倒是铁，亦未可知。历史是由人的意思造成的，人的意思是永在变动中的，无论俗界教界，时时刻刻有新法律，新装束，新制度，随着亦有些新错误涌现出来。但在这变动不居的光景中，亦可以看出一个规律来，就是震动的法则（Law of Osilation）。一起一仆，一仆一起。拟想人类永是退落的，是一个错误，倘真如此，人类早已达于灾害罪患的穷途，而无噍类了！人类不但不是永远退落的，而且在震动不已的循环中，渐渐的升高，这就是螺旋状的进步。他们昧然指为金为银的时代的人，全去禽兽未远，由那个状态慢慢的演进，才有今日的人类生活、社会秩序。古人的发明，固然值得我们的赞誉，但今人亦有今人的新发明，其功绩与古人的一样伟大而重要。有了航海南针的发明，才能成就周航地球、世界通商的事业，由是而世界一家了。他如地理学天文学上的进步、火药的发明、毛织业并其他实业的发展，都在在与全世界以极大的影响；即单就造纸术印刷术的发明而论，已足以抗颜古人而无愧。

继鲍丹而起者则有倍根（Francis Bacon）。倍根对于古人表相当的尊敬，并且熟于古人的著作；但他认古人的权威，于科学进步上，是一致命的障碍，故亦努力于解除古人权威的衡轭。他以为真理不是于任何时会的好机会中可以寻得的，真理的达到，全视经验与他们的经验所受限制之如何；在他们的时代，时间与世界的知识均极有限而贫乏，他们没有千年的历史足当那个名称，不过是些传说与口碑罢了。除去世界中一小部分的境界与国家，他们全不熟悉。在所有他们的系统与科学的想象中，难有一个单纯的经验，有助益人类的倾向的。他们的理论，是立在意见上的，从而科学在最近两千年间，静止的停留；而立在自然与经验上的机械的艺术，则渐长而增高。

倍根指出Antiquity一语迷误的义解，他说我们称为古代而那样常与以崇敬者，乃为世界的少年时期，真值得称为古代的，是世界的老年与增加的年代，就是我们现在生于其中的年代。论世界的年龄，我们实是古人，那些希腊人、罗马人比我们年少的多，如同我们看重一个老年人，因为他的关于世界的知识，比一个青年人的大。所以我们有很好的理由，盼望由我们自己的时代，得到比由古代所得者更多的东西；因为在我们自己的时代，知识的储藏为无量数的考察与经验所增积，时间是伟大的发明者，真理是时间的产儿，不是权威的产儿。

印刷术、火药、罗盘针三大发明，是古人所不知道的。这些发明变更了全世界的情形，先文学，次战争，最后航海，引起了无数的变迁，影响及于人事，没有比这些机械的发明再大的。或者航海及未知地的发见，与倍根以感印者，比与鲍丹者多。

倍根认地球通路的开辟与知识的增长，为同时代的产物。此等事业，在今世大部分业已成就，挽近的学术，并不劣于从前两个学术上的时代——希腊人的时代、罗马人的时代。希腊、罗马及现在是历史上三大时代，希腊、罗马为世界上文教法度最昌明的国家，但在那些时代，自然哲学亦未有何进步。在希腊是道德的、政治的空想吸收了人们的精神；在罗马是沈（沉）思与努力都耗用在道德的哲学上，最大的智力，都贡献于市民的事务。在第三期，西欧民族的精力，又都为神学的研究占去了。古初实在有些最有用的发明，到了冥想与理论的科学的开始，这等有用的事业就停止了。在过去的人类史上，许多事物的进步是迟缓的、不定的、偶然的，人如能觉察过去的发明的错误而求所以免除之，现在很有确固的进步的希望。

倍根认循环说为知识发展上最大的障碍，每致人们失所信赖与失望。进步之不确定与不继续，全因偏见与错误妨人致力于正轨。进步的艰难，不是起于人力所不逮的事物，而基于人类的误解，此误解耗费时间于不当的目的。妨阻过去的过失，即是创辟将来的希望。

但他的新时代将来的进展是否无限，他于此未加研考。

今古论战的舞台虽在法兰西，而此问题实为一个义大利人所提起。此人为谁？就是那首著名的描绘当时叙事诗人讽刺诗（La Secchia rapita）的作者塔桑尼（AlessandroTassoni）。他喜于暴露他的时代的偏见，而倡言新学说，他因为攻击Petrarch、Homer、Aristotle诸人，在义大利招了很大的诽谤。最早的古今人功绩的比较发见于*Miscellaneous Thoughts*，这是他在一六二〇年刊行的。他说此问题是当时流行的争论事件。他对此争论，于理论的、空想的、实用的各方面，立一透彻的比较，与以公平的裁断。

有一派人，主张艺术依经验与长久的工夫能致完善，所以现代必有此利益。塔桑尼对于此说首先加以批评，他说此理由不甚坚固，因为同一的艺术与学问，不永是不间断的为最高智慧所追求，而有时传入劣者手中，所以渐趋退落，甚且至于消灭。例如罗马帝国衰亡时的义大利，当时有很多世纪，觉艺术降在平凡以下了。换句话说，只有假定没有联续的断裂，此说当可承认。

他作出一种比较，以明他不是任何一方的拥护者；他许古人以星星点点的优越，同时今人在全体上远胜于古人；他所考察的范围，比那些自限于文学艺术的争论者广，文化的物质方面，甚至于服装，均在他所考察的范围内。

他所著的Thoughts一书被译成法文，此书恐已为白衣士罗伯（Boisrobert）所及知。白氏是一位剧学家，以曾参与创立法兰西学院（Acodemie Francaise）为人所知。忆一六三五年二月二十六日此学院既成，他即刻当着那些集众讲出一段议论，猛烈的恶口的攻击Homer，这一段议论在法兰西煽起了争论，并且引起特别的注意。Homer自经塔桑尼攻击以后，成了崇今派集矢的特别鹄的。他们以为，假如他们不信任Homer的主张能够贯彻，他们便可以得到胜利。

当文艺复兴的时期，希腊人、罗马人的权威在思想界极其优越。为便于促进自由的发展，此权威非大加削弱不可。倍根及其他诸人，已竟开始了此种伟大的运动，以期廓清摧陷此等虐力。但是笛卡儿（Descartes）的影响愈益严重，愈益坚决，他的态度愈趋于不易调和的程度，他没有一点像倍根的对于古典文学的尊敬，他颇以忘却幼年时曾经学过的希腊文自夸，他的著作的感化力，乃在对于过去严格的完全的打断，并一个完全不藉（借）重于古人的组织观念的系统。他在自己的方法、自己的发明的基础上，期望将来知识上的进展，从而他认知这个智力的进展，将有很远的效果及于人类的境遇。他最初名他的《方法论》（*Discourse on Method*）以“一个可以提高人性到完全最高度的普遍科学的设计”。他视道德的物质的改进，为对于哲学与科学的倚赖。

根据世界现今是较为高龄、较为成熟的见地，是认对古人独立的态度，已竟成了很流行的观念。倍根、笛卡儿并许多受笛派影响的人们都是这样。

巴士库儿（Pascal）是一位科学家而改信笛派的理想者，表示的尤其明显。他说：当那么多的世纪间，人类的全联续，应看作一个单独的人而不断的生存，不断的学问；在他的生活的每一阶段，此普遍的人，为他在从前的阶段曾经获得的知识所惠利，而他现在是在老年时期了。

对于责笛氏以对古代思想家不敬的人们，他曾为答辩，说他拒否他们的权威，便是还他们以模仿的敬礼，便是按照他们的精神做，比那些一味奴隶的随从他们的人们好得多。巴氏又说：待遇我们的古人，比他们所示以待其先辈者益加隆敬，待遇他们以一种他们值得受自我们的不可信的隆敬止，因他们未曾对那些在他们上享有同样利益的人们与以那样的看待。天下宁有比此还不公平的事么?

巴氏亦承认我们应该感念古人，因为我们在知识的增长上能优于他们。他们已达于一定的点，使我们能以最少的努力跻于最高的程位。所以我们自知我们立在较高的平面上，少艰难亦少荣誉。

最优越的崇今派，便是那些同化于笛派理想的人们。白衣士罗伯的议论出世后好些年，圣骚林（Desmarets de Saint Sorlin）又起来作崇今派的战士。那时他已成了一个梦想派的基督教徒，这也是他痛恨古人的一个理由。他和白衣士罗伯同是劣下的诗人。他说基督教的历史贡给些文辞，比那些曾为Homer及Sophocles（希腊悲剧诗人）所论的，很可以感动一个诗人。他有几首诗是战胜Homer的示威运动。约在同时，在英兰亦有一首叙事诗响应圣骚林的争论。

圣骚林已略知此问题含有更广的范围。他说：古代不是那样的快乐，那样的有学问，那样的富裕，那样的堂皇，如同现代一样；现代实是成熟的老年，正如他是世界的秋，得有所有过去世纪的果实与战利品，并有力以判断先辈的发明经验与错误而利用之；古代的世界，是个只有少许的花的春。固然，“自然”在一切时代都产生完全的事业，但他（自然）关于人的创造却不是这样，这必须要改正；那些生于最近时的人们，在幸福与知识上，必超过以前的人。他的话里含有两个要点。一为自然力永在的断言，一为现代比古代有益，正如老年之于幼稚一样的观念。这是倍根诸人所曾经论过的。

圣骚林拥护今人的挑战引起了白衣卢（Boileau）拥护古人的迎敌。圣骚林濒死之前，很郑重的以为今人战的责任托之于一位青年，此位青年名叫帕劳耳（Charles Perrault），即此可以看出今古的争论如何激烈了。

路易十四王朝时的法兰西，一般的气压很于崇今派有利。人们觉着那是一个伟大的时代，可与罗马帝国最初的皇帝奥加士大（Augustus）的时代比美，没有什么人发出“我生不辰”的叹声。他们的文学的艺术家，若Corneille，若Racine，若Moliere合于他们的嗜性那样的强烈，所以除了第一位，他们不愿给他们以别的等位，他们不耐听那希腊人、罗马人进到不能达到的优越的断言。Molière说：“古人毕竟是古人，我们是现今的人。”这可以表示当时一般的感情了。

一六八七年帕劳耳以《路易大王的时代》的名称，印行他的诗歌。现代的启蒙，优于古代，是他的论旨。

帕氏对于古人取比圣骚林更为有礼的态度，而其批评论尤巧。他说，希腊罗马的天才，在他们自己的时代都很好，或者可以使我们祖先崇为神圣，但在现今，柏拉图宁觉可厌了；而那不能模仿的Homer，设若生于路易大王的朝代，当能作更好的叙事诗。在帕氏诗中，有确认自然的永远势力在每一时代产生同等才能的人的语句。

《路易大王的时代》，是一个简短的信仰宣言。帕氏接续着又发表一篇澈（彻）底的著作，就是《古人与今人的比较》，是在一六八八——一六九六年间以四部分出现的，艺术、雄辩、诗歌、科学及他们的实际的应用，都详加讨论了。他以二人对话的形式发表这个讨论，这对话的人们，一为热心拥护现代的战士，他作崇今的论战；一为拥护古代的献身者，他明知难以否认他的反对者的议论，犹且顽强的固执他自己的见解。

帕氏认知识与时间经验以俱展，完全不是必须伴随古代的；最近的来者承袭了他们先辈的基业，而加上他们自己的新获得。

这后人较善、来者胜今的前提，似与一个明显的历史事实不相容：在知识上、艺术上，我们优于黑暗时代的人们，这固当承认，但你能说第十世纪的人们是优于希腊人与罗马人们么？塔桑尼已经涉及此问题，帕氏答此问题曰：“一定不能”，因为联续中常有断裂的原故；科学与艺术同于河流，他的径路的一部潜流于地下，忽而开发奔流，向前跳跃，其丰沃与在地下跳跃一样。譬如长期的战争，可以迫制人民们蔑视学问，把所有他们的元气都掷于自保的益觉迫切的必要，一个无知的时期可以延续，但随着平和与福祚，知识与发明，将重行开始为进一步的发展。

他不主张今人在才能上或脑力上有何优越，在《路易大王的时代》中，他确认自然不朽的原则，自然犹且产生像他曾生过的人们一样伟大的人，但他不能产生更伟大的人，非洲沙漠的狮子，他的狞猛，在我们今日并与在亚历山大大王时代没有什么区别。一切时代，最善的人在气力上是平等的，但他们的功业与作品是不平等的，若与以同等的势便的情形，最近的是最好的，因为科学与艺术，都靠知识的积聚，知识必然的与时俱增。

但此论能用之于诗歌与文学的艺术么？诗歌与文学的艺术界，是交战者（帕氏亦包在内）最有兴味的范域。此可证明现代能产生些诗家文学家，其优越不亚于古昔先师，但此能证他们的事业一定超于古人么？此驳论逼得帕氏不得脱逃，而帕氏答复则颇巧妙：娱人心情是诗歌与雄辩的职分，而欲有以娱之，必先有以知之，是否洞察人心的奥秘比洞察自然的奥秘较为容易？或者洞察人心的奥秘费时较少么？关于人心的情感与念望常作出些新发见，只以Corneille的悲剧而论，你在那里可以寻得比古代书籍的更微妙更细致的关于野心仇怨与嫉妒的映绘。在他的“比较论”的结尾，他宣言今人的普通的优越的时候，他为维持平和起见，论到诗歌与雄辩，暂作一个保留。

帕氏的讨论，陷于缺乏体现完全的进步的观念，他不止专注意知识上的进步，但他不注意将来；对于将来，没有什么兴味；他受最近的过去智识上的发展感印甚深，故他几不能悬想再有更益向前的进步。他说：“试读英法的报章而一察那些王国的学院的出版，将使你信最近二十年或三十年内，在自然科学界作出的发明，比遍有学问的古代的全期都多，我自己想很幸的知道我们所享的幸福，考查所有过去的时代，在那里我们可以看见一切事物的生长与进步；在我们的时代，没有一种事物没有受过一个新的增加与光荣的；我们的时代，在些种类上曾达到完全的绝顶，从有些年间以后，进步率很迟，想到差不多没有很多的事物可以使我们妒羡将来的时代是很可喜的。”

对于将来的冷淡，即是关于将来的怀疑，是上述语句的注释，而与世界已达于他的衰老时期的观念相合，故吾言帕氏的知识进步的观念，尚不完全。

于法兰西以外，英国亦忽然起了今古的论战。

一个神学家名叫黑克威尔（Ceorge Hakewill）刊行了一本六百页的书，以诘责当时普通的错误——宇宙衰朽的错误。他并他那呼吸在十六世纪气压下的书，全为人所忘却，他虽刊行了三版，而除些神学家外，难能引起多人的注意。著者的目的，在证明在世界的政府里，上帝的权威与天命。这与当时流行的见解不相容，当时流行的见解，就是物质的宇宙、天体、原子，均渐趋于衰朽，并那人于物质的、精神的、道德的各方面，正在退落的见解。他的议论多获益于读鲍丹、倍根诸人的书，可见他们的思想已经激动神学家的精神了。

一个今古间的比较起于衰朽说的拒驳，与自然力确固的问题起于今古间的比较，一样是自然的结果。黑氏反对过分的推奖古代，正为此说可以助世界衰朽说张目。他所讨论的范围，比法国争论者的较广；他所争论的范围，不止含有科学、艺术与文学，并及物质与道德。他求所以证明精神上物质上没有衰朽，并那现代基督教国的道德，大优于异教时代的那些国家，基于基督教有社会的进步，在艺术上知识上亦有发展。

黑氏亦如塔桑尼研考一切艺术与科学，断定今人在诗歌上与古人相等，其他诸事，亦都能超越古人。

他认退落说可以腐痹人的元气，世界普遍衰朽论，销沈（消沉）了人的希望，钝滞了人的努力的锐利。他的言外的意思，是改良世界的努力，为我们对于后人所该尽的义务。

他说：“于是我们不要为世界定命的衰朽的虚影所阻拦，以使我们既不后顾那些可敬的先辈的楷模，又不向前预为后人谋。如我们先辈有价值的预为我们谋者，使我们的子若孙，亦以预为之谋者颂祝吾辈。如何的世代将以延续于我们，尚未确定，亦如未来的世代之在前世之于那些先辈一样。”

黑氏想他生在世界的末年，但他不能延长多久，是一未决的问题；但他有一个考虑可以慰安他自己并读者，就是世界的终结，尚未临近。

自然不衰朽，人类不退落，固可确认了，但那世界的终结，不依自然法，并那人类文化的发长，任在何顷，均可为神的命令所斩断的学说，其足以销沈（消沉）人的希望，钝滞人的努力的锐利的影响，亦并不小。

黑氏持论的意义，在把阻碍进步学说的退落说，弄成一个特别研究的问题。他的书揭明此说与关于今古争论间的密切关系，不能说他与鲍丹、倍根诸子关于文明进步的理论有所增益。他所企图的历史的普通综合法，全与他们的相等。他说明知识艺术的历史与此外一切事务，如同纵览一种循环的进步；他说他们都有一个发生、滋长、繁荣、废落与萎谢，于是经过一个时期后，又有一个复苏与再兴；以此进步的方法，学问的光明，由一民族传到别一民族，由东洋而希腊，由希腊而罗马，既已为蛮人所不见者千有余岁，而又为Petrarch及其当代人所复活。黑氏所陈循环进步的观念，颇与倍根所指摘的循环说相近。

倍根及十七世纪的思想家，自限其过去进步的观察于知的范围内，而黑氏对于古代的仪容道德，不惮与以攻击，能预见这社会的进步较大的问题。这个问题，是必要来到十八世纪阵头的。这是黑说值得我们注意的点。

黑氏的书出世以后，我们又得到格兰威尔（Glanvill）所著的《加的过度》（Plus ultra），又称《亚里士多德时代后知识的发展》。此书于一六六八年出版，宗旨在拥护成立未久的“皇家学会”（Royal Society）。该会在当时颇受攻击，谓为有害于宗教及真实学问的兴趣。格氏愤古典派对于皇家学会的压迫，乃起而树拥护的旗帜。他说他对于无名的罗盘针的发明者的感佩，比对于一千个亚历山大与恺撒、一万个亚里士多德的感佩还深且多。在这几句话里，可以看见他的精神了。

他说皇家学会的职分，就是企图人类的设计，置在自然的最深底蕴那样低，达到宇宙最上层那样高，扩张到广大世界的一切变化，目的在普遍人类的惠利。那样一种事业，只能以不能知觉的度数，慢慢的进行。这是一个累代的人均与有关的事业，我们自己的时代，只能希望作一点点，以移去些无用的片屑，预备些材料，安排些东西，以备建筑。我们定须寻求与搜集，观察与考验，为将来的时代预储一个积聚。

神学的考虑，曾经重压过黑氏的思想，而格氏则显然未为所困惑。看了二人的不同，便可以看出这四十年间世界进行的径路了。

斯普拉特（Sprat）是一个牧师，他于格氏的书出世以前不久，出版一本《皇家学会史》。他认科学可以扩张于世界，此事全靠西方文化扩张其地域，基督教国的文化亦可扩到其他文化国及半开国，他希望将来的改宗者，可以有青出于蓝的优越，希腊人胜过他们东方的先师，现代欧人从罗马人承受了光明，而幸福繁昌，倍于古人所遗留于他们的。

皇家学会建立于一六六〇年，科学院建立于一六六六年，使物质的科学，在伦敦与巴黎很流行。各阶级，都为此流行的情感所激起，若骑士，若圆颅党，若牧师，若清教徒，都联合起来，若神学家，若法律家，若政治家，若贵族，若世爵，都夸扬倍根哲学的胜利，倍根播的种子，终竟成熟了。那些建立与赞美皇家学会的人们，对倍根有完全的信用。考雷（Cowley）上皇家学会的赞歌，可以名为赞扬倍根的赞歌，亦可以说是人类的精神，由权威的束制解放的圣歌。

我们很高兴的写这一篇崇今派荣誉的战史，我们很感谢崇今派暗示给我们的乐天努力的历史观人生观，我们不要学着唱那怀古派“前不见古人，后不见来者，念天地之悠悠，独怆然而涕下”的诗歌，应该朗诵着耶马孙的名言：“你若爱千古，你当爱现在，昨日不能唤回，明日还不确实，你能确有把握的，就是今日，今日一天，当明日两天”，为今人奋力，为来者前驱。

史学与哲学[①]

今日所要和诸位商榷的，是史学及史学与哲学的关系，主体是讲史学。

凡一种学问，必于实际有用处，文学、史学都是如此。但是，用处是多方面的。得到了一种智识，以此智识为根据去解决一种问题是用处；以所有的学识成一著作与学术界相商榷，以期得到一个是处，也是用处。但是最要紧的用处，是用他来助我们人生的修养，都有极大的关系。人们要过优美的高尚的生活，必须要有内心的修养。史学、哲学、文学都于人生有密切的关系，并且都有他们的好处。从不同的研究，可以得到同

---

① 发表于1923年4月17日至19日《新民意报》副刊《星火》，署名李守常。此文是李大钊在上海复旦大学的讲演记录稿，由黄维荣、温崇信记录。1923年4月6日《觉悟》副刊曾发表过这次讲演的消息，由此推断这次讲演的具体时间当在1923年3月至4月初。

的结果，与我们以不同的修养。哲学、文学在我国从前已甚发达，史则中国虽有史书甚多，而史学却不发达。

这不但中国为然，外国也是如此。因为史学正在幼稚时代，进步甚慢。但他于人生有极大影响，我们不但要研究他，且当替他宣传，引起人们研究的兴味，以促史学的进步。

（一） 历史一辞的意义

《说文解字》说，史是记事的人（即是书记官），“史”字从中从又，“中”是中正的意思。文字学家说，“又”字是象形字，“中”字不是中正的中，乃是“册”的象形字。“史”字有书役的义，即指掌记事者而言。日本训“史”字有日文，以之为归化的人而专从事于文笔的事者的姓。此“史”字遂辗转而有记录的意思。英语称历史为History，法语为Histore，意语为Storia，皆由希腊语及拉丁语从Historiai而起，本意为“问而知之”；把“问而知之”的结果写出来，即为纪录，即是History。德语称历史为Geschichte，荷兰语为Gesohiedenis，原皆指发生的事件或偶然的事变而言。各国文字的本义都不相同，今日使用的意义也复各异，所以发生了混乱错杂的见解了。

我们日常泛言历史，其涵义约有三种：① 譬如说吾汉族有世无与比的历史，这并不指记录而说，乃指民族的经历或发展的过程，所以四千年的历史一语，可以说是文化进化的代名字；② 又如说吾国无一可观的历史，其意乃指见识高远、文笔优美的历史书籍而言；③ 又如问一友人，以君所专考的科目是什么？答云历史。此“历史”二字，乃指一种科学的学问而言。中国并不没有普通的记录，而专考历史，以历史为一门科学的，却是没有。我们现在所要讨论的，就是成为一种科学的历史究是什么？

（二） 历史的定义

关于史的定义，史家不一其辞。因为各人目光不同，定义也因此各异；而现在史学又不十分发达，所以完全妥当的定义，竟是没有。今且举出几个定义中，我们或者能得到一个史学的概念。

Felint的史的定义——

弗氏谓历史学即是历史哲学。他说：“历史哲学，不是一个从历史事实分出来的东西，乃是一个包蕴在历史事实里边的东西。一个人愈能深喻历史事实的意义，他愈能深喻历史哲学；而于历史哲学，也愈能深喻于其神智。因为历史哲学，只是些历史事实的真实性质与根本关系的意义，合理的解释、知识罢了。”这里他所说的历史哲学，史学也包括在内。

Lamprecht 的史的定义——

郎氏在他的《什么是历史》一书中说：“史事本体无他，即是应用心理学。历史乃是社会心理学的科学。”

Vanloon氏的史的概念——

万龙氏作有《人类史》一书。他的序文中有几句警语：“最善的点，乃在环绕吾们的光荣的过去的大观，当吾们返于吾们日常的事业的时候，与吾们以新鲜的勇气，以临将来的问题。”

又说：“历史是经验的伟大楼阁，这是时间在过去世代的无终界域中建造的。达到这个古代建筑物的屋顶，并且得到那全部光景的利益，不是一件容易的事。除非青年的足是健强的，这事才能做到。此外，绝无人能登临。”

内田银藏博士的史学的要义——

内田银藏博士是日本的史学者。他说：史学有三要义：

1. 随着时间的经过，人事进化不已。研究历史，当就其经过的行程而为考察。社会一天一天不断的发达进化，人事也一天一天不断的推移进行。就其发达进化的状态，就是就其不静止而移动的过程，以遂行考察，乃是今日史学的第一要义。

2. 当就实际所起的情形，一一搜察其证据。考察历史，须不驰空想，不逞臆测，应就现实发生的事例，依严密的调查考察，证据的手段，以究明人事的发展进化。这是历史的研究的特色。

3. 不把人事认作零零碎碎的东西去考察他，应该认作为有因果的、连锁的东西去考察他。现在的历史的研究，不能单以考察片段的事实为能事。须把人事看做整个的来研究，就其互相连锁的地方去考察他，以期能够明白事实与事实间相互的影响和感应——即是因果。但零碎的事实，也很要紧的。没有零碎，便没有整个。所以当就一个一个的零碎为基础，而后当做一个整个的而观察他的因果的关系。不过此一个一个事实，必须考查精确。假使是假的，差误的，那么由此而生的整个，也靠不住了。但太致力于烦琐的末节，而遗其大端，那也是不足取的。

梁任公氏的史的定义

最近梁任公氏著有《中国历史研究法》一书，在那本书里所下的史的定义是："记述人类社会赓续活动的体相，校其总成绩求得其因果关系，以为现代一般人活动资鉴的是史。"以上所举的，不过是供吾人参考的资料。我甚希望诸位参考诸家的说，自己为史学下一个比较的完全确切的定义。

（三） 史学与哲学及文学的关系

讲到史学与哲学、文学的关系，最好把倍根的分类先来参考一下。关于人生的学问，本不能严格的分开，使他们老死不相往来的，因为人生是整个的。但现在为分工起见，所以不得不分成多种专门的学，以求深造。但学问虽贵乎专，却尤贵乎通。科学过重分类，便有隔阂难通之弊。所以虽然专门研究，同时相互的关系也应知道。专而不通，也非常危险，尤以关于人生的学问为然。史学和哲学、文学的来源是相同的，都导源于古代的神话和传说。虽然我们分工之后，同源而分流，但也一样可以帮助我们为人生的修养，所以也可以说是殊途而同归的。

倍根的分类，见于他所著的*Advancement of Learning*（1605）及以拉丁文著的*The Dignity and Advancement of Learning*（1623）。这二书都是讲当时的思想的发展的。在此二种中，他把学问分为三大类：① 历史；② 诗；③ 哲学。这是按照心的能力而分的。因为心的能力也有三：① 记忆；② 想象；③ 理性。记忆所产生的是史，想象所产生的是诗，理性所产生的是哲学。这个分类，在今日看来是不完全的，因为他只是指他那时代的学问状况而说的，但我们正好藉用他的分类，说明史学、文学、哲学三者的关系的密切。

他把历史分为自然史、人事史，而人事史又分为宗教史、文学史等。

哲学也分为三类：① 关于神明的；② 关于自然的；③ 关于人的。哲学二字的意义，也与现在不同。他所说的哲学，是穷理的意思；此外又有第一根源的哲学，包括三部的本源的普遍的学问。

诗也不是专指诗歌而言，凡想象、假作而叙事的文学都是，不必定为韵文。

诗与史的关系是很密切的。要考察希腊古代的历史，必须读荷马的《史诗》，因他的诗中包蕴很多的史料。孟子说："王者之迹熄而诗亡，诗亡然后春秋作。"春秋是史，他说诗亡而后春秋作，也可见史与诗间大有关系。即如《诗经》一书，虽是古诗，却也有许多许多的史料在内。要研究中国古代诗，不能不把此书当作重要的参考书。郎氏（Lamprecht）谓："史有二方面：① 取自然主义的形式的——谱级；② 取理想主义的形式的——英雄诗。谱系进而成为编年史，英雄诗进而成为传记。"这都可证明诗与史的关系密切了。

哲学与史的关系的密切，也很容易证明。譬如老子是哲学家，但他也是个史学家，因为他是周的史官。班《志》说：道家出于史官。可见哲学与史学也是相通的。

倍根之后，孔德、斯宾塞、冯德诸家，各有另立的分类。不过倍根的分类，与我们以特别有关系的材料，所以藉来作史学、哲学、文学的关系的证明。

（四） 历史与历史学的关系

以历史为中心，史学可分二部：记述历史；历史理论。记述的历史的目的，是欲确定各个零碎的历史事实，而以活现的手段描写出来，这是艺术的工作。历史理论的目的，是在把已经考察确定的零碎事实合而观之，以研究其间的因果关系的，这乃是科学的工作。

此外，又有历史哲学一项，但从系统上讲起来，宜放置哲学分类之下。

（五） 哲学与史学的接触点

哲学与历史相接触点有三，即是：哲学史、哲理的历史及历史哲学。

哲学史是以哲学为研究的对象，用历史的方法去考察他，其性质宜列入哲学系统中。哲理的历史，是用哲理的眼光去写历史，是属于史的性质的，但太嫌空虚。历史哲学是哲学的一部分，哲学是于科学所不能之处，去考察宇宙一切现象的根本原理的。历史事实是宇宙现象的一部分，所以亦是史学所研究的对象的一部分。

（六） 哲学与史学的关系

哲学仿佛是各种科学的宗邦，各种科学是逐渐由哲学分出来的独立国。哲学的领地，虽然一天一天的狭小，而宗邦的权威仍在哲学。

科学之所穷，即哲学之所始。两者的性质上区别虽经确立，不容相混了，然而两者的界限，却并未如长江大河为之截然分界。二者之间有一中区，譬如历史与哲学虽各有领域，而历史哲学便处于二者之间，不能说完全属诸史学，也不能完全属诸哲学。

立在史学上以考察其与哲学的关系，约有四端：

1. 哲学亦为史学所研究的一种对象。史学底对象，系人生与为人生的产物的文化。文化是多方面的，哲学亦其一部分。所以哲学亦为史学家所认为当研究的一种对象。

2. 历史观。史学家的历史观，每渊源于哲学。社会现象，史学家可以拿自己的历史观来考察之，解释之。譬如现在的女权运动和打破大家庭的运动，是从什么地方来的，都可以一种历史观观察之。马克思的〔唯〕物史观，是历史观的一种。他以为社会上、历史上种种现象之所以发生，其原动力皆在于经济，所以以经济为主点，可以解释此种现象。此外，圣西门有智识的史观，以为智识可以决定宗教，宗教可以决定政治。此外，还有宗教的史观、算术的史观等等。或谓史学家不应有历史观，应当虚怀若谷的去研究，不可有偏见或成见，以历史附会己说，才可算是好史学家。或者说史学家应有历史观，然后才有准绳去处置史料，不然便如迷离漂荡于洋海之中，茫无把握，很难寻出头绪来。这话是很对的。史学家当有一种历史观，而且自然的有一种历史观，不过不要采了个偏的、差的历史观罢了。

马克思的唯物史观，很受海格尔的辩证法的影响，就是历史观是从哲学思想来的明证。

3. 就历史事实而欲阐明一般的原理，便不得不借重于哲学。

4. 史学研究法与一般理论学或智识哲学，有密切关系。

现在再从哲学方面来考察他与史学的关系：

1. 历史是宇宙的一部分，哲学是研究宇宙一切现象的，所以历史事实亦属于哲学所当考量的对象之中。

2. 人生哲学或历史学，尤须以史学所研究的结果为基础。

3. 哲学可在旁的学问中，得到观察的方法和考量的方法。所以哲学也可以由历史的研究，得到他的观察法和考量法，以之应用到哲学上去。

4. 要知哲学与一般社会及人文的状态的关系，于未研究哲学之先，必先研究时代的背景及一般时代的人文的状况。所以虽研究哲学，也必以一般史识为要。

5. 研究某哲学家的学说，必须研究某哲学家的传记。

6. 哲学史亦是一种历史的研究，故亦须用历史研究法的研究以研究哲学史。

历史哲学是研究历史的根本问题的。如人类生活究竟是什么？人类的行动是有预定轨道的，还是人生是做梦一般的？我们所认为历史事实的是真的呢，还是空虚的？人类背后究竟有根本大法操持一切的呢，还是历史上种种事实都是无意义的流转，譬彼舟流不知所届呢？人类自有史以来，是进步的，还是退化的？人类进化果然是于不知不识中向一定的方向进行呢，还是茫无定向呢？国家民族的命运及其兴衰荣枯，是人造的，还是人们无能为力的？种种事实，纷纭错杂，究竟有没有根本原理在那里支配？这都是历史哲学的事。因为用科学的方法去研究，止能到一定的程度为止；科学所不及的，都是哲学的事了。

（七） 史学、文学、哲学与人生修养的关系

我们要研究学问，不是以学问去赚钱，去维持生活的，乃是为人生修养上有所受用。文学可以启发我们感情。所以说，诗可以兴，可以怨；又说，兴于诗。文学是可以发扬民族和社会的感情的。哲学于人生关系也切。人们每被许多琐屑细小的事压住了，不能达观，这于人生给了很多的苦痛。哲学可以帮助我们得到一个注意于远大的观念，从琐屑的事件解放出来，这于人生修养上有益。史学于人生的关系，可以分智识方面与情感方面二部去说。从情感方面说，史与诗（文学）有相

同之用处，如读史读到古人当危急存亡之秋，能够激昂慷慨，不论他自己是文人武人，慨然出来，拯民救国，我们的感情都被他激发鼓动了，不由的感奋兴起，把这种扶持国家民族的免于危亡的大任放在自己的肩头。这是关于感情的。其关于智识方面的，就是我们读史，可以得到一种观察世务的方法，并可以加增认知事实和判断事实的力量。人名、地名，是不甚要紧的，能够记得也好，不记得也不妨事的。二者帮助人生的修养，不但是殊途同归，抑且是相辅为用。史学教我们踏实审慎，文学教我们发扬蹈厉。

此外，历史观与人生观亦有密切的关系。哲学教我们扼要达观。三者交相为用，可以使我们精神上得一种平均的调和的训练与修养。自马克思经济的历史观把古时崇拜英雄圣贤的观念打破了不少，他给了我们一种新的人生观，使我们知道社会的进步不是靠少数的圣贤豪杰的，乃是靠一般人的；而英雄也不过是时代的产物；我们的新时代，全靠我们自己努力去创造。有了这种新的历史观，便可以得到一种新的人生观。前人以为人们只靠天、靠圣贤豪杰，因此不见圣贤出来，便要发出“前不见古人，后不见来者，念天地之悠悠，独怆然而涕下”的叹声；因此生逢衰乱的时代，便发出“昊天不吊”或“我生不辰”的叹声。在此等叹声中，可以寻知那听天认命的历史观影响于人们的人生观怎样大了。现在人们把历史观改变了，这种悲观、任运、消极、听天的人生观，也自然跟着去掉；而此新的历史观，却给我们新鲜的勇气，给我们乐观迈进的人生观。

从前的历史观，使人迷信人类是一天一天退化的，所以有崇古卑今的观念。中国如此，西洋亦然。他们谓黄金时代，一变而为银时代，更变而为铜时代、铁时代，这便是说世道人心江河日下了。这种黄金时代说，在十七世纪时为一班崇今派的战士攻击的中心。当时，今古的争论极烈，一方面说古的好，他方说今的好。倍根等都是赞成新的、崇尚今的。他们说：以前的圣贤的知识，并不如我们多，今世仍旧可以要出圣贤豪杰的。二者相争甚烈，在法、意等国两派都有极烈的争论。诗人的梦想，多以前代、过去的时代为黄金时代。中国的《采薇》、《获麟》诸歌和陶渊明一流的诗，都有怀思黄、农、虞、夏的感想。黄、农、虞、夏之世，便是中国人理想中的黄金时代。新历史家首当打破此种谬误的观念，而于现在、于将来努力去创造黄金时代。因为黄金时代，总是在我们的面前，不会在我们的背后。怀古派所梦寐回思的黄金时代，只是些草昧未开、洪荒未辟的景象，没有什么使我们今人羡慕的理由。我们试一登临那位时先生在过去世代的无止境中，为我们建筑的一座经验的高楼绝顶，可以遍历环绕我们的光荣的过去的大观，凭着这些阶梯，我们不但可以认识现在，并且可以眺望将来。在那里，我们可以得到新鲜的勇气；在那里，我们可以得到乐天迈进的人生观。这种娱快，这种幸福，只有靠那一班登临这座高楼的青年们，长驱迈进的健行不息，才能得到。这是史学的真趣味，这是研究史学的真利益。

史学概论[1]

我们研究史学，第一先要研究的就是，什么是史？

在中国能找出许多关于史的材料来，什么《史记》咧、《汉书》咧、《三国志》、《资治通鉴》、“二十四史”……在西洋也可以找出什么《罗马史》咧、《希腊史》咧等等的书。这类的书，就是史吗？

这类的书，固然浩如烟海，但这不是史，而是供给吾人研究历史的材料。从前许多的旧历史学家，都认这是历史。其实这是研究历史的材料，而不是历史。历史是有生命的，活动的，进步的；不是死的，固定的。

吾人研究有生命的历史，有时须靠记录中的材料。但要知

---

① 发表于1923年11月29日《民国日报》（上海版）副刊《觉悟》，系李大钊在上海大学的讲演，由张湛明笔记。

道这些陈编故纸以外，有生命的历史，比如研究列宁，列宁是个活人，是有生命的。研究他，必须参考关于列宁的书籍，但不能说关于列宁的书籍，便是列宁。

明白了这点，那历史和历史材料的异点，便可以知其大概了。

我们再讲历史学的发展。历史学是起源于记录。英文的史字（History）是问而知道的意思；德文的史字（Geschichte）是事体的意思。发生事件而记录起来，这是史学的起源。

从前历史的内容，主要部分是政治、外交，而活动的事迹，完全拿贵族当中心。所以福理曼（Freeman）说：过去的政治就是历史，历史就是政治。他把政治和历史认成一个，不会分离。

这样解释历史，未免失之狭隘。历史是有生命的，是全人类的生活。人类生活的全体，不单是政治，此外还有经济的、伦理的、宗教的、美术的种种生活。他说历史就是政治，其余如经济、宗教、伦理、美术的种种生活，能说不算是人类的生活吗？可以把它们放在历史以外吗？

及后到了马克思，才把历史真正意义发明出来，我们可以从他的唯物史观的学说里看出。

他把人类生活，作成一个整个的解释，这生活的整个便是文化。

生物学当然是研究生物的，植物学当然是研究植物的，人类历史也当然是研究人类的生活，生活的全体——文化的了。但文化是整个的，不可分离。譬如这座楼，可以分出楼顶、楼身和基础来。假使基础摇动，楼身、楼顶全得摇动。基础变更，楼身、楼顶也得跟着变更。文化是以经济作基础，他说有了这样的经济关系，才会产生这样的政治、宗教、伦理、美术等等的生活。假如经济一有变动，那些政治、宗教等等生活也随着变动了。假使有新的经济关系发生，那政治、宗教等等生活也跟着从新建筑了。

他不但发明文化是整个的，他并且把历史和社会的疆域分开。他说：人类的社会，按时间的，纵起来看是历史；按平面的，空间的，横起来看是社会。他又说历史是“社会的变革”。不但过去的历史是社会的变革，即是现在、将来，社会无一时不在变革中。因为历史是有生命的、活动的、进步的，而不是一成不变的。历史的范围不但包括过去，并且包有现在和将来。

至于什么是历史学家的任务，希腊的历史学家后世称为“历史之父”的希罗陀德（Herodotus）已经告诉过我们：

1. 应当整理记录，寻出真确的事实；

2. 应当解释记录，寻出那些事实间的理法。

据此，历史家的任务，是在故书篓中，于整理上，要找出真确的事实；于理解上，要找出真理。但同是一个事实，人人的解释各异。比如实在的孔子过去了，而历史的孔子，甲与乙的解释不同，乙与丙的解释又不同，昔人与今人的解释又不同。人人解释既然不同，他整理以后，找出来自以为真确的事实，当然又不同了。

须知历史是有新鲜的生命的，是活动的、进步的，不但不怕改作和重作，并且还要吾人去改作、重作。信手在我们中国历史里边找出几个例来看：

1. 在中国历史神话期中，说我们的衣服器具有许多是半神的圣人，给我们在一个相距不远的时代，一齐造出来的。这样记录，我和在坐诸君在十年或廿年前，或者都以为真实的。现在我们若拿新的历史眼光来看，知道那些记录完全是荒谬的。现在藉着科学的知识，发明一种新机器，也得费若干年月，在那蒙昧时代，怎能这样迅速！

据人类学家，考察人类的起源，是因人从前有四条腿，和别的动物一样。女性的人，怕他的孩子被他兽残杀，乃习用其前足抱子而奔。人是这样渐渐的进化，才成了用手用胸用两足走路的动物。人类渐渐的站起来用足走路以后，腹部因蔽体的毛稀薄，感畏风寒，乃渐取树叶遮盖；后来旁的地方怕受风寒，也会想法去遮盖了。这就是衣服的起源，由树叶到衣服的进步更不知道经过了多少年月！

由茹毛饮血的生活而渐进于游牧的生活，由游牧的生活而进于畜牧生活，而进于农业生活，手工业的生活，机器工业的生活，这里边有很悠久的历史，并不会一时得到的。我们现在根据进化论去解释这些记录，比在数十年前的观念已大不同了。

2. 中国古代的姓，如妫、姞、姬、姜等字，都从女旁，这些字何以都从女？前人的解释，多谓人因地而得姓。例如某某的母居姜水，故姓姜；某某的母居于妫水，故姓妫。但由我来解释，不是这样。我以为妫水、姜水的地方，是因人而得名的。因为有姓姜的在那里居住，所以名为姜水；有姓妫的在那里居住，所以名为妫水。姜、妫的姓都从女旁，是因为那个时候，是母权时期，所以子从母姓。我们再就社会的现状观察，姓张的村子叫张家村，姓李的庄子叫李家庄，都因所在的姓氏而得名，决不是因为住在张家村才姓张，住在李家庄才姓李的。那些妫水、姞水、姬水、姜水的名称，也因为古代的人好临水而居，那水也就各因其姓氏而得名了。

我们拿着新的历史眼光，去观察数千年前的故书陈籍，的确可以得着新的见解，找出真确的事实。

3. 就近二十年来，河南所发现的古物，更可以断定旧日史书的虚伪。中国经济学上的名词多从贝，如货字、買（买的繁体）字、贾字等都从贝。按历史学家考察，最古的时期中，经过一种靠贝为生活的时期。中国旧史的记录的：中国在太昊、神农时，已有金属铸造货币。但现在按河南发现的龟版文字，一为考察，那些上面所刻的字，并无从金边的字，而只有从贝的字。果然当时已是用金器时代，何以不能发现一个金字？

中国古书固然伪的很多，然在较为可靠的《书经》的《商书》篇亦是说"具乃贝玉"，当时贝玉并称，而不说具乃金玉。果然当时已有金属制造品，何以在殷代以前，不发现一个"金"字？

到了后来《诗经》上才发现许多"金"字，往往"金"、"玉"并称，便有"金玉其相"一类的话了。

就此可断定，旧史所纪是虚伪的。在殷代以前，还是靠贝的生活，还是石器时代；殷代以后到了周朝，才入了铜器时代，才有金属的制造品了。

这样的例举不胜举，我们按这许多例，可以断定往日记录有许多错误，是可以改作重作的，是必须改作重作的。但我们所改作的重作的，就敢断定是真实的、一成不变的吗？历史是有生命的，僵死陈腐的记录不能表现那活泼泼的生命，全靠我们后人有新的历史观念，去整理他，认识他。果然后人又有了新的理解、发明，我们现在所认为新的又成了错误的，也未可知。我们所认为真实的事实，和真理的见解并不是固定的，乃是比较的。

希腊历史学家格罗忒（Crote）出，又有人说，他的《希腊史》比希罗陀德的好，第一因为希氏缺乏批评精神；第二因为希氏喜欢什么，便注意什么真实。但我们要说公平话，他所注意的未必是对，在希罗陀德时代，能够得到那样结果，已经很难的了。我们不能因见了格罗忒，便来菲薄希罗陀德。格罗忒的《希腊史》，果然就是最完全的吗？这也不过是比较的真实的罢了。

所以历史是不怕重作改作的，不但不怕重作改作，而且要改作重作，推翻古人的前案，并不算什么事，故吾人应本新的眼光去改作旧历史。很希望有许多人起来，去干这种很有趣味的事，把那些旧材料旧记录，统通召集在新的知识面前，作一个判决书。

从前的孔子观念，是从前人的孔子观，不是我们的孔子观。他们的释迦观、耶稣观，亦是他们自己的释迦观、耶稣观，不是我们的释迦观、耶稣观。他们本着迷信为孔子、释迦、耶稣作传，辉皇（煌）孔子、释迦、耶稣为亘古仅有天纵的圣人，天生的儿子，说出许多怪诞不经的话。我们今日要为他们作传，必把这些神话一概删除。特注重考察他们当时社会的背景，与他们的哲学思想有若何关系等问题。历史原是有生命的，不是僵死的；原是进步的，不是固定的。我们本着新的眼光，去不断的改作重作，的确是我们应取的途径了。

以上的话，归结起来：记录是研究历史的材料；历史是整个的、有生命的、进步的东西，不是固定的、死的东西；历史学虽是发源于记录，而记录决不是历史。发明历史的真义的是马克思，指出吾人研究历史的任务的是希罗陀德。我们研究历史的任务是：

1. 整理事实，寻找它的真确的证据；

2. 理解事实，寻出它的进步的真理。

马克思的历史哲学与理恺尔的历史哲学[①]

哲学者，笼统的说，就是论理想的东西。理想表现于社会上，或谓以全体而为统一的表现，或谓以部分而为对立的表现。主后说者，谓理想之对立的表现者，为政治，为法律，为经济。所以社会哲学云者，有人释为论社会的统一的法则性的东西；亦有人释为政治哲学、法律哲学、经济哲学的总称。

把立于经济的基础上的政治、法律等社会构造，纵以观之，那就是历史；所以横以观之称为社会哲学者，纵以观之亦可称为历史哲学。具有历史的东西，固不止于政治、法律、经济等，他如学问、道德、美术、宗教等所谓文化的理想，亦莫不同有其历史。然普通一说历史，便令人想是说社会上的

① 此文系《史学思想史》讲义之一。讲座时间大致在1923年12月至1924年7月2日期间。

政治、法律和经济。再狭隘一点，只有政治的历史被称为历史，此外的东西似乎都不包括在历史以内。这样子一解释，历史哲学由范围上说是社会哲学，而由内容上说便是政治哲学，这未免把历史哲学的内容太弄狭了。

今欲论社会哲学与历史哲学的关系，必先明历史的概念和社会的概念；今欲明历史和社会的概念，最好把马克思的历史观，略述一述。因为马氏述其历史观，却关联历史和社会。原来纵观人间的过去者便是历史，横观人间的现在者便是社会，所以可把历史和历史学与社会和社会学相对而比论。

马克思的历史观，普通称为唯物史观。但这不是马氏自己用的名称。此名称乃马氏的朋友恩格尔在一八七七年始用的。在一八四八年的《共产党宣言》里和在一八六七年出第一卷的《资本论》里，都有唯物史观的根本原理，而公式的发表出来，乃在一八五九年的《〈经济学批判〉的序文》。在此序文里，马氏似把历史和社会对照着想。他固然没有用历史这个名词，但他所用社会一语，似欲以表示二种概念：按他的意思，社会的变革，便是历史；推言之，把人类横着看，就是社会，纵着看就是历史。喻之建筑，社会亦有基址（Basis）与上层（Ueberbau）。基址是经济的构造，即经济关系，马氏称之为物质的或人类的社会的存在。上层是法制、政治、宗教、艺术、哲学等，马氏称之为观念的形态，或人类的意识。从来的历史家欲单从上层上说明社会的变革即历史而不顾基址，那样的方法，不能真正理解历史。上层的变革，全靠经济基础的变动，故历史非从经济关系上说明不可。这是马氏历史观的大体，要约起来说，他认以经济为中心纵着考察社会的是历史学，对于历史学而横着考察社会的，推马氏的意思，那是经济学，同时亦是社会学。

对于马氏的历史观，有一派历史家的历史观。在中国及日本，这派历史家，很不在少。他们大抵把历史分为西洋史、东洋史、国史，认以政治为中心纵着考察社会的，为历史学。以政治为中心，即是以国家为中心，国家的行动依主权者的行动而表现；故以主权者或关系主权者的行动为中心以研究社会变迁的，是历史学。然则马氏的历史观与此派历史家的历史观其所执以为中心者虽彼此各异，而其于以社会变迁为对面的问题一点可谓一致。

由马氏的历史观推论起来，以经济为中心横着考察社会的是经济学，同时亦是社会学。那么由此派历史家的历史观推论起来，似乎以政治为中心横着考察社会的，应该是政治学，同时亦是社会学。然于事实上，他们并不这样想。他们并不注意政治学、社会学的学问的性质，只认以政治为中心研究社会变迁的是历史学罢了。

今日持政治的历史观的历史家，因为受了马克思的经济的历史观影响，亦渐知就历史学的学问的性质加以研考。依他们的主张，于历史研究社会的变迁，乃欲明其原因结果的关系。换句话说，历史学亦与自然科学相等，以发见因果法则为其目的。于此一点，与马氏的历史观，实无所异。依马氏的说，则以社会基址的经济关系为中心，研究其上层建筑的观念的形态而察其变迁，因为经济关系能如自然科学发见其法则。此派历史家，虽在今日，犹以为于马氏所谓上层建筑的政治关系能发见因果的法则，此点实与马氏的意见不同。然其以历史学的目的为与自然科学相等存于法则的发见，则全与马氏一致。而于此点所受马氏的影响者亦实不为小。要之，马克思和今日的一派历史家，均以社会变迁为历史学的对面问题，以于其间发见因果法则为此学目的。二者同以历史学为法则学。此由学问的性质上讲，是说历史学与自然科学无所差异。此种见解，结局是以自然科学为唯一的科学。自有马氏的唯物史观，才把历史学提到与自然科学同等的地位。此等功绩，实为史学界开一新纪元。自时厥后，历史的学问，日益隆盛；于是有一派学者起来，以为依那样的见解说明历史学的学问的性质，不能使他们满足，因为他们以为历史学虽依那样的见解升到科学的地位，但究竟是比附唯一的科学的自然科学而居于附庸的地位，乃努力提倡一种精神科学使之与自然科学对立。作这种运动的先驱者，首为翁特（wundt，德人），余如郎蒲锐西（Lamprecht）亦欲依此方法定历史的学问的性质。然翁特所主张的精神科学，由学问的性质上说，亦与自然科学相等，以法则的发见为其目的。固然依翁特的说，虽等是说因果的法则，而以为精神科学的目的者是内的法则，与自然科学所研究的外的因果法迥异。然自学问的性质上去看，二者之间无大差别。以是之故，虽在历史学上打上一个精神科学的印章，仍不能依是以对于自然科学给历史学保证独立的位置。于是有斥翁特的精神科学由学问论上主张历史学的独立而起者，则德国西南学派的文化科学是。

德国西南学派，亦称巴丹学派，此派在日本颇盛行。日本学坛一般把西南学派和北德的马尔布尔西学派合称为新康德派。然一言新康德派，普通即认为指海格尔学派分裂后以兴复康德哲学为目的而起来的一派而言，与今日的巴丹学派和马尔布尔西学派实为异派。于是有属于马尔布尔西学派的某学者自称其学派为新批评主义，以示区别。亦有人提议把德国的南北两康德派，都单称康德派。否则各用别的名称，固然在现今一言康德派，此二派外还有他派，然不是照康德哲学的原样一点亦不动的，只是以康德哲学的精神为哲学的基调的康德学派，即云限于此两派亦无不可。

西南学派与马尔布尔西学派，虽等是以康德哲学的精神为其哲学的基调，而其互相一致的点，只是关于先验的或批评的哲学方法的部分，其关于概念、关于问题，二者实在相异的点，因之关于学风的全体，亦自有其所不同。例如西南学派，则始终于纯粹理论的方面；而马尔布尔西学派，则多关涉于实际问题。尤其是对于社会问题，马尔布尔西学派的哲学者，无论谁何，皆是一面批评，一面研究，所谓社会哲学，即是此派的产物；世间称为康德派的社会哲学者，即系指此。今就直接有关系的学问论考之，马尔布尔西学派，在认识论上考察的科学，似与康德相同，以自然科学为主；而在西南学派的学问论，则对于自然科学，高唱文化科学，即历史的科学，使与自然科学相对峙。

西南学派，创始于文蝶儿般德（W. Windelband），而理恺尔特（H. Rickert）实大成之，拉士克（E. Lask）复继承之。今则文氏终老，拉氏亦复战死于疆场，硕果仅存，唯有理氏一人为此派的唯一的代表者了！由学问论上言之，文化科学的提倡，首先发表此论者，虽为文氏，有造成今日此派在思想界的势力者，实为理氏。故一论及西南学派的文化科学，即当依理氏的说以为准则。依理氏的说，则谓学问于自然科学外，当有称为历史的科学，或文化科学者，此理一察自然科学的性质自明。自然科学的对象，便是自然；自然之为物，同一者可使多次反复，换句话说，就是同一者可使从一般的法则反复回演。如斯者以之为学问的对象，不能加以否认，因而自然科学的成立，容易附以基础。然学问的对象，于可使几度反复回演者外，还有只起一回者，这不是一般的东西，乃是特殊的东西，不是从法则者，乃是持个性者，即是历史。

然则如何而能使历史与自然相等而为学问的对象呢？依理氏的意见，这只细味学问的性质便可知悉。学问云者，即是所构成的概念。此概念构成，从来人们认为只限于一般的东西，所以学问亦只有自然科学存在；然依理氏的见解，概念构成，没有那样狭的解释的必要，依何等方法改造对象以之取入于主观者即为概念，则与把一般的东西依一般化的方法取入于主观者为概念构成相等，把特殊的东西，依个性化的方法取入于主观者，不能不说亦是概念构成。前者为自然科学，后者为历史学，或历史的科学。

以上是把学问的对象，由形式上看，区别自然与历史的。理氏以为更可由内容上看，把一般的东西，与前同样名为自然，而把特殊的东西，名之为文化，以代历史。这个意思，就是说自然一语，由形式及内容两方面均可表明一般的东西，而对于特殊的东西，历史一语，则仅能表示其形式的方面，而其内容的方面，非用文化一语表示不可。于此时会，自然虽不含有价值，而文化则含有价值；以故以之构成概念，对于自然用离于价值的方法，而对于文化则不能不取价值关系的方法；自然科学以依离于价值的方法发见一般的法则为其目的，而文化科学，即历史学，或历史的科学，则以依价值关系的方法，决定只起一回的事实为其任务。

理氏关于历史学性质的意见如此。此意见发表的时候，很招些非难和攻击。即今日我们对于他的学说亦不能全表赞同。他认历史学为一种事实学，于详明史学的特性上，亦未尝无相当的理由，然依此绝非能将马克思认历史学为如同自然科学的一种法则学的理论完全推翻者。不过因为有了他的学说在普遍的科学原则之下，史学的特殊性质愈益明了，其结果又把历史学对于自然科学的独立的地位愈益提高。在史学上，亦算是可以追踪马氏的一大功绩罢了。

理氏考察学问的对象，一方使自然与历史对立，他方使自然与文化对立。他于关于学问论的著作，共有两种：一为《自然科学的概念构成之限界》，一为《文化科学与自然科学》。第一种著作，由使自然与历史对立的论点出发，进而达于使自然与文化对立的论点；第二种著作，则由自然与文化的论点，进而至于自然与历史的论点。由二作的内容比较起来，第一种比第二种大，第二种乃为说明第一种的概要者，而于立论的行序，微有不同。他于一八六九年著手第一种著作时，欲由方法上明自然科学的限界。主张历史学或历史的文化科学的独立，故其考察学问的对象，亦由基于他所谓形式上的区别，自然与历史的对立出发，诚为不无理由；至于第二种著作的内容，乃理氏于一八九八年“文化学会”的第一次例会讲演时，欲以历史学或历史的文化科学的存立为既被证明者，使之与自然科学对立而叙述者，故其考察学问的对象，亦基于他所谓实质上即内容上的区别，自然与文化的对立，以展其立论的步骤，亦是当然的事情。其第一种著作出第一版时，实为一九〇二年，故视其第二种著作的第一版为稍迟。然其于第一种著作欲证明历史的文化科学的方针，至一九一三年出第二版时未尝少变。同时其于第二种著作，欲叙述历史的文化科学的方针，至一九一〇年出第二版、一九一五年出第三版时，亦全无改易。

理氏于一方使自然与历史对立，于他方使自然与文化对立；前者是以方法为主而考察学问的对象者，后者是以对象为主而考察学问的对象者；由前者生出自然科学与历史学的对立，由后者生出自然科学与文化科学的对立。论者有谓科学根本的分类，须为唯一不动者。固然，类别科学，或以方法为标准，或以对象为标准，均无不可；从而其结果生出不同，亦是当然的事，然因是之故，致科学根本的分类，生出二个的对立，似不适当。依理氏的主张，一方的自然科学，无论以方法为主而分类，以对象为主而分类，依然是自然科学；而谓地方的科学以方法为主时则为历史学，以对象为主时则为文化科学，是非表示自然科学存有学问的独立性，而他方的科学总有些地方欠缺独立性而何？果尔，则是他的历史的文化科学的论证，尚未能云得有确固的基础，于是觉得对于理氏的学问论非加以修正不可。日本文学博士铃木宗忠氏即持此见解者。铃木氏举其修正的要点，乃在关于科学根本的分类，承认理氏以对象为标准的对立，而由是引出以其方法为标准的对立，即是把科学大别为自然科学与文化科学，而文化科学更分为历史学与组织学。

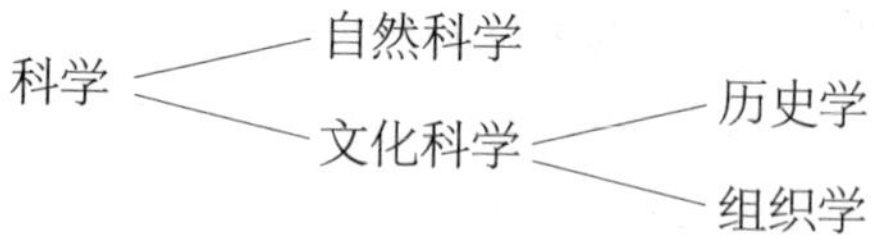

理氏把学问的对象一般称为现实界，以为那是依超个人的主观而被构成者。铃木氏关于此点，亦别无异议。理氏又依价值的附着与否，把现实界分为自然与文化。价值不附着的现实界是自然，价值附着的现实界是文化。然彼于此，并未明言如何引出此分类原理的价值。价值豫（预）想主观，对于主观有意义者，斯为价值。理氏既以价值为标准分现实界为自然与文化以上，则不能不把他看作由主观引出者。然如斯以证，则此主观与那构成现实界的超个人的主观有如何的关联的问题，于是乎发生。铃木氏想此主观系个人的主观。固然此个人的主观，在认识论上是离于理氏的超个人的主观则为无意义者；然当把学问对象的现实界分起类来的时候，有分别把他立起来的必要。原来由认识论上说，这是立于他的超个人的主观上者，然实在说来，这是存在于现实的主观。理氏虽于学问论立此主观，而于其认识论上的意味，似未把他弄得十分明白。

依铃木氏的见解，则个人的主观离自己而见的现实界是为自然，使关系于自己而见的现实界是为文化，离自己以观则现实界，只是共通于各主观的方面现出来的；此方面以共通于各主观之故，所以他被认为于主观全无关系依其自身的法则而生灭起伏者，于是得名之为自然。自然是被认作于主观无关系者，故其中不含有价值。反之，使关系于自己以观，则现实界只是于各主观特殊的方面现出来的，而不是于各主观共通的方面现出来的，惟其于各主观为特殊之故，此方面遂呈出恰如主观把他作出之观，故得名之为文化。文化于主观有特别的关系，故不得不云价值含于其中。他根据这个理由，基于个人的主观把为学问的对象的现实界，分为自然与文化，于是以以自然为对象者为自然科学，以以文化为对象者为文化科学，此二者为科学的根本分类，由方法上考察之，其理益明。夫学问既是把对象构成概念者，而概念构成云者，又不是说把对象照原样模写，是说把他改造，既云改造于此必要标准。然若只依一个标准以改造对象，合于是标准者即以为本质的东西，而被取入于概念，其不合于是标准者，即以为非本质的东西而被排斥。以故要想把对象毫无隐蔽的全都把握住改造的标准，只有一个，殊不足用，于是有立二个标准的必要。此二个标准如有矛盾对当的关系，则于一方以非本质的东西而被排斥者，于他方亦得以本质的东西而被取入，则现实界得全体为学问的对象而无挂漏了。

然则关于现实界改造的二个标准，当于何求之？铃木氏谓一得求于自然之中，一得求于文化之中。自然是于各主观共通的方面，文化是于各主观特殊的方面，互相矛盾。今于二者之中，求改造的标准，则此二个标准亦自当立于矛盾的关系。被求于自然之中者，是所谓一般的法则的概念；被求于文化之中者，是所谓个性的价值的概念。自然科学于以一般的法则为标准改造现实界时，其方法为一般化的方法；文化科学以个性的价值为标准改造现实界时，其方法为个性化的方法。更由所谓价值的点言之，则自然科学的方法，为离价值的方法；文化科学的方法，为价值关系的方法。换句话说，就是以依一般化的方法研究法则的为自然科学，以依价值关系的方法研究一回起的事实的为文化科学。依铃木氏的意见，以对象为主的科学分类为自然科学与文化科学的对立；以方法为主的科学分类，亦同为自然科学与文化科学的对立。于兹成为问题者，乃为历史学的位置。理氏对于自然科学，称为历史学，历史学的科学，或历史的文化科学，而把历史学与文化科学看成一个东西。铃木氏对于此点，不表赞成。他认文化科学为可与自然科学对立者，而再由文化科学中导出历史学。

为自然科学的对象的自然，是于各主观共通的现实界的方面，其事当不依主观而有所异。自然不依主观而其所异云者，其意即云自然者，横观之，于庶多的主观同样的表现出来；纵观之，亦不依时间而生变化。彼依时间而生的现实界的变化，不妨名之为历史。由是言之，为自然科学对象的自然无历史。反之，为文化科学对象的文化，为于各主观特殊的现实界的方面，故是依主观而异，以是之故，依对于自然的矛盾对当的关系，不能不说文化有历史。由此点观之，理氏以文化科学名为历史的科学，实为正当；然其以历史学与历史的科学、文化科学同视，似未尽妥。固然，文化依时代而变迁，为同一的东西只起一回者；过去的文化与现在的文化不能以学问的对象有同等的意义。第一，过去的文化，不过合全体而成为学问的对象；现在的文化，即此亦足为一学问的对象而有余。第二，过去的文化。以之取入于概念，使关系于含于其文化中的价值以决定事实，虽为绰有余裕；而在现在的文化，以之取入于概念的时候，则不可不使关系于可存于吾人的普遍妥当的价值，以组织事实。他于是主张分文化科学为二，而以研究过去的文化者为历史学，以研究现在的文化者为组织学。

此外还有一个应行讨论的问题，即是马克思派及一派历史家以社会的变迁为历史学所研究的对面问题是否适当。夫以社会的变迁为历史学的问题，是即以社会为有历史的。既以社会为有历史的，则社会之为学问的对象，不为自然而为文化。今世俗一般颇滥用“社会”一辞，其意义殊暧昧；即在以社会为对象的社会学，其概念亦因人而各异。大体说来，关于社会的概念的见解，可大别为二类：一以人间结合的形式为社会学对象的社会者，一以人间结合的内容为社会者。此项争论，在学问论上，兹无讨论的必要。今姑以为社会学的对象的社会为人间结合的形式。即在此种见解，由学问对象论言之，社会的概念亦有二种：一则以之为自然，一则以之为文化。以社会为自然者，即以社会学为研究法则的自然科学；反之以社会为文化者，即以社会学为组织的研究现在事实的文化科学。亦有人谓社会学概与心理学相类，同为研究心作用的学问。由结合方面观之，可为学问的对象，即于个人上把他切断来研究，亦可为学问的对象：前者是社会学，后者是心理学。心理学是研究心作用其物的一般的法则的。社会学是研究心作用的结合其物的一般的法则的。心理学为自然科学，社会学亦为自然科学。此派论者，虽以心理学为自然科学，却研究现于心理学对象的心作用上的价值内容的所谓心理科学（Mental Sciences），如伦理学、美学、宗教学等为文化科学；虽以社会学为自然科学，却以研究现于社会学对象的社会结合上的价值内容的所谓社会科学（Social Sciences），如法律学、政治学、经济学等为文化科学。此派论者的理据，即认心作用有二：一为单独者，一为结合者；单独者即心理，结合者即社会。无论心理与社会，若以之为形式而考察的时候，不依时间而变化，为同一的东西可以屡次反覆（复）回演者，故由学问对象论上观之，此不得不谓为自然；然现于心理及社会上的价值内容在美术与宗教，在法律与政治，皆为一回起的（或云一趟过的）东西，而有历史，故此不得不谓为文化。等是社会，由内容上观察，称为政治社会的时候，虽为文化科学的对象的文化；而由形式上观察，单指社会结合的时候，是为自然科学的对象的自然。这是本于理氏的理论的推论。

论者依据以上的推论，谓为社会学的对象的社会，既属于自然，不依时间而生变化，故无历史；而以马克思及一派历史家认社会为有变迁的，以之为历史学的对面问题，为不当。然马克思及其他历史家并未把社会分为自然与文化二方面以为考察，自不能以是相绳，且即以此准绳批判其说，彼等既以有变迁的社会为历史学的对面问题，则其所考察的社会，亦非自然而为文化，亦非此所谓社会学的对象的社会而为历史学的对象。社会科学的对象的经济社会或政治社会，马克思屡以社会一语用为经济社会的意味，凡于其公式的发表他的历史观的《〈经济学批判〉的序文》稍有研究者皆能注意及此。今为避繁，无暇列举文证。即就一派历史家而论，其所考察的社会为政治社会，亦不待言。然则上述的评论，实不足以难马氏及持政治史观的历史家明甚。

论者又谓马克思的经济史观，是以经济史概历史学的全般。历史家的政治史观，是以政治史概历史学的全般，此亦不当。夫经济史与政治史固为历史学，然是二者不是历史学的全般，而皆为一种特殊的历史学。且个个的文化科学，皆含有其组织学与历史学。各种的文化内容，在逻辑上应是对立的而不是隶属的，应是平列的，而不是支配的；不得以一种组织学概组织学的全般，亦不得以一种历史学概历史学的全般。各文化的历史学，即是各特殊的历史学，离于各特殊的历史学，固无历史学的全般，而一种特殊的历史学，亦断不是历史学的全般。推马克思及历史家的见解，必是以经济或政治为文化中心，然所取以为文化的中心者，亦因人而异。治法律者容以法律为文化的中心，治宗教者容以宗教为文化的中心，亦将以同一的理由不能加以否认，此以知以一种特殊的历史学蔽历史学的全般，皆为无当。世间往往有对于政治史而称别的特殊历史学为文化史者，凡历史学皆为文化史，以一种特殊的文化史而与其他各种特殊文化史的总合对立，是亦未为允当。

上述的评论，不得不认为有相当的理由。然以之批难马克思的历史哲学，则实有商榷的余地。马氏认社会的构造是个整个的东西，有其基址，亦有其上层；经济关系是其基址，观念的形态是其上层；上层与基址相合而成此构造。马氏虽认上层的变动随着基址的变动而变动，但绝不是把社会构造的整个全体，裂为零碎的东西，而以基址概全构造，以经济史概全文化史，概全历史学。我们承认历史学是各个特殊的历史学的总合，同时亦当承认经济关系在社会全构造中是其基址，承认经济在整个的文化生活中是比较重要的部分。

唯物史观在现代社会学上的价值[①]

唯物史观在社会学上曾经并且正在表现一种理想的运动，与前世纪初在生物学上发见过的运动有些相类。在那个时候，是用以说明各种形态学上的特征关系的重要，志在得一个种的自然分类，与关于生物学上有机体生活现象更广的知识。这种运动，既经指出那内部最深的构造比外部明显的建造若何重要；唯物史观就站起来反抗那些历史家与历史哲学家，把他们多年所推崇为非常重要的外部的社会构造，都列于第二的次序，而那久经历史家辈蔑视认为卑微暧昧的现象的，历史的唯物论者却认为于研究这狠复杂的社会生活全部的构造与进化有莫大的价值。历史的唯物论者观察社会现象，以经济现象为最

① 此文系《史学思想史》讲义之一。讲座时间大致在1923年12月至1924年7月2日期间。

重要；因为历史上质的要件中变化发达最甚的，算是经济现象，故经济的要件是历史上唯一的物质的要件。自己不能变化的，也不能使别的现象变化。其他一切非经济的物质的要件，如人种的要件，地理的要件等等，本来变化狠（很）少，因之及于社会现象的影响也狠（很）小，但于他那最少的变化范围内，多少也能与人类社会的行程以影响。在原始未开时代的社会，人类所用的劳作工具极其粗笨，几乎完全受制于自然；而在新发见的地方，向来没有什么意味的地理特征，也成了非常重大的条件。所以历史的唯物论者于那些经济以外的一切物质的条件，也认他于人类社会有意义，有影响；不过因为他的影响甚微，而且随着人类的进化日益减退，结局只把他们看作经济的要件的支流罢了。因为这个缘故，有许多人主张改称唯物史观为经济的史观。

唯物史观自鲍丹（Bodin）辈出，已经闪出了些光影；而自孔道西（Condorcet）依着器械论的典型想把历史作成一科学，而期发见出一普遍的力，把那变幻无极的历史现象一以贯之，更进而开了唯物史观的端绪。故孔道西可以算是唯物史观的开创者。至桑西门（Saint Simon）把经济的要素比精神的要素看得更重。十八世纪时，有一种想象说，说法兰西历史的内容，不过是佛兰坎人与加历亚人间的人种竞争。他受了此说的影响，谓最近数世纪间的法国历史，不外封建制度与产业的竞争。其争于大革命期达于绝顶。产业初与君国制联合，以固专制的基础；基础既成，又扑灭王国制。产业的进步，是历史的决定条件；科学的进步，又为补助他的条件。Thiery、Mignet及Gnizot辈继起，袭桑西门氏的见解，谓一时代的理想、教条、宪法等，毕竟不外当时经济情形的反映。关于所有权的法制，是尤其重要的。蒲鲁东亦以国民经济为解释历史的键，信前者为因，后者为果。至于马克思，用他特有的理论，把从前历史的唯物论者不能解释的地方，与以创见的说明；遂以造成他的特有的唯物史观。而于从前的唯物史观，有伟大的功绩。

唯物史观的要领，在认经济的构造对于其他社会学上的现象是最重要的；更认经济现象的径路，是有不可抗性的。经济现象，虽用他自己的模型制定形成全社会的表面构造（如法律、政治、伦理及种种理想上、精神上的现象都是），但这些构造中的那一个，也不能影响他一点。受人类意思的影响，在他是永远不能的。就是人类的综合意思，也没有这么大的力量；就是法律，他是人类的综合意思中最直接的表示，也只能受经济现象的影响，不能与丝毫的影响于经济现象。换言之，就是经济现象，只能由他一面与其他社会现象以影响，而不能与其他社会现象发生相互的影响，或单受别的社会现象的影响。

经济构造是社会的基础构造，全社会的表面构造，都依着他迁移变化。但这经济构造的本身，又按他每个进化的程级，为他那最高动因的连续体式所决定。这最高动因，依其性质必须不断的变迁，必然的与社会的经济的进化以诱导。

这最高动因究为何物？却又因人而异，Loria所认为最高动因的，是人口的稠庶。人口不断的增加，曾经决定过去四个联续的根本状态，就是最合奴隶所有奴仆（Servile）、佣工。以后将次发生的现象也该由此决定。马克思则以“物质的生产力”为最高动因。由家庭经济变为资本家的经济，由小产业制变为工场组织制，就是由生产力的变动而决定的。其他学者所认为最高动因的，又为他物。但他们有一个根本相同的论点，就是经济的构造依他内部的势力自己进化，渐于适应的状态中变更全社会的表面构造。此等表面构造，无论用何方法不能影响到他这一方面；就是这表面构造中最重要的法律，也不能与他以丝毫的影响。

有许多事实，可以证明这种观察事物的方法是合理的。许多法律，在经济现象的面前，暴露出来他的无能。十七八世纪间，那些维持商业平准奖励金块输入的商法，与那最近美国禁遏脱拉斯（Trust）的法律，都归无效，就是法律的力量不能加影响于经济趋势的明证，也有些法律，当初即没有力量与经济现象竞争；而后来他所适用的范围却自一点一点的减缩至于乌有。这全是经济现象所自致的迁移，无与于法律的影响。例如欧洲中世纪时禁抑暴利的法律，最初就无力与那高利率的经济现象竞争；后来到了利润自然低落，钱利也跟着自然低落的时候，他还继续存在，但他始终没有一点效果。他虽然形式上在些时候维持他的存在，实际上久已无用，久已成为废物。他的存在全是法律上的惰性，只足以证明法律现象，远追不上他所欲限制的经济现象；却只在他的脚后一步一步的走，结局惟有服从而已。潜深的社会变动，惟依他自身可以产生，法律是无从与知的。当罗马帝国衰颓时代，一方面出现奴隶缺乏，奴价腾贵的现象；一方面那一大部分狠（很）多而且必要的寄生阶级，造成一个自由民与新自由民的无产阶级，他们的贫困日益加甚，自然渐由农业上的奴仆劳动，工业上的佣工劳动生出来奴隶制度的代替，因为这两种劳动全于经济上有狠多的便利。若是把废奴的事业全委之于当时的基督教人类同胞主义的理想，那是绝无效果的。十八世纪间，英人曾标榜过一种高尚的人道主义的宗教，到了资本家经济上需要奴隶的时候，他们却把奴制输入到美洲殖民地，并且设法维持他。这类的事例，不胜枚举。要皆足以证明法律现象只能随着经济现象走，不能越过他，不能加他以限制，不能与他以影响；而欲以法律现象奖励或禁遏一种经济现象的，都没有一点效果。那社会的表面构造中最重要的法律，尚且如此；其他如综合的理想等等，更不能与经济现象抗衡。

社会学得到这样一个重要的法则，使研究斯学的人有所依据，俾得循此以考察复杂变动的社会现象，而易得比较真实的效果。这是唯物史观对于社会学上的绝大贡献，全与对于史学上的贡献一样伟大。

国家新闻出版广电总局
首届向全国推荐中华优秀传统文化普及图书

大家小书书目

国学救亡讲演录	章太炎 著 蒙 木 编
门外文谈	鲁 迅 著
经典常谈	朱自清 著
语言与文化	罗常培 著
习坎庸言校正	罗 庸 著 杜志勇 校注
鸭池十讲（增订本）	罗 庸 著 杜志勇 编订
古代汉语常识	王 力 著
国学概论新编	谭正璧 编著
文言尺牍入门	谭正璧 著
日用交谊尺牍	谭正璧 著
敦煌学概论	姜亮夫 著
训诂简论	陆宗达 著
金石丛话	施蛰存 著
常识	周有光 著 叶 芳 编
文言津逮	张中行 著
经学常谈	屈守元 著
国学讲演录	程应镠 著
英语学习	李赋宁 著
中国字典史略	刘叶秋 著
语文修养	刘叶秋 著
笔祸史谈丛	黄 裳 著
古典目录学浅说	来新夏 著
闲谈写对联	白化文 著
汉字知识	郭锡良 著
怎样使用标点符号（增订本）	苏培成 著
汉字构型学讲座	王 宁 著

诗境浅说	俞陛云　著
唐五代词境浅说	俞陛云　著
北宋词境浅说	俞陛云　著
南宋词境浅说	俞陛云　著
人间词话新注	王国维　著　滕咸惠　校注
苏辛词说	顾　随　著　陈　均　校
诗论	朱光潜　著
唐五代两宋词史稿	郑振铎　著
唐诗杂论	闻一多　著
诗词格律概要	王　力　著
唐宋词欣赏	夏承焘　著
槐屋古诗说	俞平伯　著
词学十讲	龙榆生　著
词曲概论	龙榆生　著
唐宋词格律	龙榆生　著
楚辞讲录	姜亮夫　著
读词偶记	詹安泰　著
中国古典诗歌讲稿	浦江清　著 浦汉明　彭书麟　整理
唐人绝句启蒙	李霁野　著
唐宋词启蒙	李霁野　著
唐诗研究	胡云翼　著
风诗心赏	萧涤非　著　萧光乾　萧海川　编
人民诗人杜甫	萧涤非　著　萧光乾　萧海川　编
唐宋词概说	吴世昌　著
宋词赏析	沈祖棻　著
唐人七绝诗浅释	沈祖棻　著
道教徒的诗人李白及其痛苦	李长之　著
英美现代诗谈	王佐良　著　董伯韬　编
闲坐说诗经	金性尧　著
陶渊明批评	萧望卿　著

古典诗文述略	吴小如　著
诗的魅力 ——郑敏谈外国诗歌	郑　敏　著
新诗与传统	郑　敏　著
一诗一世界	邵燕祥　著
舒芜说诗	舒　芜　著
名篇词例选说	叶嘉莹　著
汉魏六朝诗简说	王运熙　著　董伯韬　编
唐诗纵横谈	周勋初　著
楚辞讲座	汤炳正　著 汤序波　汤文瑞　整理
好诗不厌百回读	袁行霈　著
山水有清音 ——古代山水田园诗鉴要	葛晓音　著
红楼梦考证	胡　适　著
《水浒传》考证	胡　适　著
《水浒传》与中国社会	萨孟武　著
《西游记》与中国古代政治	萨孟武　著
《红楼梦》与中国旧家庭	萨孟武　著
《金瓶梅》人物	孟　超　著　张光宇　绘
水泊梁山英雄谱	孟　超　著　张光宇　绘
水浒五论	聂绀弩　著
《三国演义》试论	董每戡　著
《红楼梦》的艺术生命	吴组缃　著　刘勇强　编
《红楼梦》探源	吴世昌　著
《西游记》漫话	林　庚　著
史诗《红楼梦》	何其芳　著 王叔晖　图　蒙　木　编
细说红楼	周绍良　著
红楼小讲	周汝昌　著　周伦玲　整理

曹雪芹的故事	周汝昌　著　周伦玲　整理
古典小说漫稿	吴小如　著
三生石上旧精魂 ——中国古代小说与宗教	白化文　著
《金瓶梅》十二讲	宁宗一　著
中国古典小说十五讲	宁宗一　著
古体小说论要	程毅中　著
近体小说论要	程毅中　著
《聊斋志异》面面观	马振方　著
《儒林外史》简说	何满子　著

我的杂学	周作人　著　张丽华　编
写作常谈	叶圣陶　著
中国骈文概论	瞿兑之　著
谈修养	朱光潜　著
给青年的十二封信	朱光潜　著
论雅俗共赏	朱自清　著
文学概论讲义	老　舍　著
中国文学史导论	罗　庸　著　杜志勇　辑校
给少男少女	李霁野　著
古典文学略述	王季思　著　王兆凯　编
古典戏曲略说	王季思　著　王兆凯　编
鲁迅批判	李长之　著
唐代进士行卷与文学	程千帆　著
说八股	启　功　张中行　金克木　著
译余偶拾	杨宪益　著
文学漫识	杨宪益　著
三国谈心录	金性尧　著
夜阑话韩柳	金性尧　著
漫谈西方文学	李赋宁　著
历代笔记概述	刘叶秋　著

周作人概观	舒　芜　著
古代文学入门	王运熙　著　董伯韬　编
有琴一张	资中筠　著
中国文化与世界文化	乐黛云　著
新文学小讲	严家炎　著
回归，还是出发	高尔泰　著
文学的阅读	洪子诚　著
中国文学1949—1989	洪子诚　著
鲁迅作品细读	钱理群　著
中国戏曲	么书仪　著
元曲十题	么书仪　著
唐宋八大家——古代散文的典范	葛晓音　选译

辛亥革命亲历记	吴玉章　著
中国历史讲话	熊十力　著
中国史学入门	顾颉刚　著　何启君　整理
秦汉的方士与儒生	顾颉刚　著
三国史话	吕思勉　著
史学要论	李大钊　著
中国近代史	蒋廷黻　著
民族与古代中国史	傅斯年　著
五谷史话	万国鼎　著　徐定懿　编
民族文话	郑振铎　著
史料与史学	翦伯赞　著
秦汉史九讲	翦伯赞　著
唐代社会概略	黄现璠　著
清史简述	郑天挺　著
两汉社会生活概述	谢国桢　著
中国文化与中国的兵	雷海宗　著
元史讲座	韩儒林　著

魏晋南北朝史稿	贺昌群　著
汉唐精神	贺昌群　著
海上丝路与文化交流	常任侠　著
中国史纲	张荫麟　著
两宋史纲	张荫麟　著
北宋政治改革家王安石	邓广铭　著
从紫禁城到故宫 ——营建、艺术、史事	单士元　著
春秋史	童书业　著
明史简述	吴　晗　著
朱元璋传	吴　晗　著
明朝开国史	吴　晗　著
旧史新谈	吴　晗　著　习　之　编
史学遗产六讲	白寿彝　著
先秦思想讲话	杨向奎　著
司马迁之人格与风格	李长之　著
历史人物	郭沫若　著
屈原研究（增订本）	郭沫若　著
考古寻根记	苏秉琦　著
舆地勾稽六十年	谭其骧　著
魏晋南北朝隋唐史	唐长孺　著
秦汉史略	何兹全　著
魏晋南北朝史略	何兹全　著
司马迁	季镇淮　著
唐王朝的崛起与兴盛	汪　篯　著
南北朝史话	程应镠　著
二千年间	胡　绳　著
论三国人物	方诗铭　著
辽代史话	陈　述　著
考古发现与中西文化交流	宿　白　著
清史三百年	戴　逸　著

清史寻踪	戴　逸　著
走出中国近代史	章开沅　著
中国古代政治文明讲略	张传玺　著
艺术、神话与祭祀	张光直　著
	刘　静　乌鲁木加甫　译
中国古代衣食住行	许嘉璐　著
辽夏金元小史	邱树森　著
中国古代史学十讲	瞿林东　著
历代官制概述	瞿宣颖　著
宾虹论画	黄宾虹　著
中国绘画史	陈师曾　著
和青年朋友谈书法	沈尹默　著
中国画法研究	吕凤子　著
桥梁史话	茅以升　著
中国戏剧史讲座	周贻白　著
中国戏剧简史	董每戡　著
西洋戏剧简史	董每戡　著
俞平伯说昆曲	俞平伯　著　陈　均　编
新建筑与流派	童　寯　著
论园	童　寯　著
拙匠随笔	梁思成　著　林　洙　编
中国建筑艺术	梁思成　著　林　洙　编
沈从文讲文物	沈从文　著　王　风　编
中国画的艺术	徐悲鸿　著　马小起　编
中国绘画史纲	傅抱石　著
龙坡谈艺	台静农　著
中国舞蹈史话	常任侠　著
中国美术史谈	常任侠　著
说书与戏曲	金受申　著
世界美术名作二十讲	傅　雷　著

中国画论体系及其批评	李长之　著
金石书画漫谈	启　功　著　赵仁珪　编
吞山怀谷 ——中国山水园林艺术	汪菊渊　著
故宫探微	朱家溍　著
中国古代音乐与舞蹈	阴法鲁　著　刘玉才　编
梓翁说园	陈从周　著
旧戏新谈	黄　裳　著
民间年画十讲	王树村　著　姜彦文　编
民间美术与民俗	王树村　著　姜彦文　编
长城史话	罗哲文　著
天工人巧 ——中国古园林六讲	罗哲文　著
现代建筑奠基人	罗小未　著
世界桥梁趣谈	唐寰澄　著
如何欣赏一座桥	唐寰澄　著
桥梁的故事	唐寰澄　著
园林的意境	周维权　著
万方安和 ——皇家园林的故事	周维权　著
乡土漫谈	陈志华　著
现代建筑的故事	吴焕加　著
中国古代建筑概说	傅熹年　著
简易哲学纲要	蔡元培　著
大学教育	蔡元培　著 北大元培学院　编
老子、孔子、墨子及其学派	梁启超　著
春秋战国思想史话	嵇文甫　著
晚明思想史论	嵇文甫　著
新人生论	冯友兰　著

中国哲学与未来世界哲学	冯友兰　著
谈美	朱光潜　著
谈美书简	朱光潜　著
中国古代心理学思想	潘　菽　著
新人生观	罗家伦　著
佛教基本知识	周叔迦　著
儒学述要	罗　庸　著　杜志勇　辑校
老子其人其书及其学派	詹剑峰　著
周易简要	李镜池　著　李铭建　编
希腊漫话	罗念生　著
佛教常识答问	赵朴初　著
维也纳学派哲学	洪　谦　著
大一统与儒家思想	杨向奎　著
孔子的故事	李长之　著
西洋哲学史	李长之　著
哲学讲话	艾思奇　著
中国文化六讲	何兹全　著
墨子与墨家	任继愈　著
中华慧命续千年	萧萐父　著
儒学十讲	汤一介　著
汉化佛教与佛寺	白化文　著
传统文化六讲	金开诚　著　金舒年　徐令缘　编
美是自由的象征	高尔泰　著
艺术的觉醒	高尔泰　著
中华文化片论	冯天瑜　著
儒者的智慧	郭齐勇　著
中国政治思想史	吕思勉　著
市政制度	张慰慈　著
政治学大纲	张慰慈　著
民俗与迷信	江绍原　著　陈泳超　整理

政治的学问	钱端升　著　钱元强　编
从古典经济学派到马克思	陈岱孙　著
乡土中国	费孝通　著
社会调查自白	费孝通　著
怎样做好律师	张思之　著　孙国栋　编
中西之交	陈乐民　著
律师与法治	江　平　著　孙国栋　编
中华法文化史镜鉴	张晋藩　著
新闻艺术（增订本）	徐铸成　著
经济学常识	吴敬琏　著　马国川　编
中国化学史稿	张子高　编著
中国机械工程发明史	刘仙洲　著
天道与人文	竺可桢　著　施爱东　编
中国医学史略	范行准　著
优选法与统筹法平话	华罗庚　著
数学知识竞赛五讲	华罗庚　著
中国历史上的科学发明（插图本）	钱伟长　著

出版说明

“大家小书”多是一代大家的经典著作，在还属于手抄的著述年代里，每个字都是经过作者精琢细磨之后所拣选的。为尊重作者写作习惯和遣词风格、尊重语言文字自身发展流变的规律，为读者提供一个可靠的版本，“大家小书”对于已经经典化的作品不进行现代汉语的规范化处理。

提请读者特别注意。

北京出版社